人生を豊かにしてくれる「お金」と「仕事」の育て方

松浦弥太郎

祥伝社

はじめに

「体力のある者が勝つ」。

ある日、僕のビジネスにおける師が教えてくれた言葉です。どんなにアイデアがあっても、どんなに気力があっても、体力のない弱い者は、ビジネスの世界では勝つことができない。だから、まずはしっかりと体力をつけろ。そう諭《さと》してくれました。

ここで言う体力とは、いわゆる身体的なものではありません。その本質は、知識という底力。人と人とのネットワークと信用、ガソリンとも言える、いくばくかのお金です。

ビジネスとは、チャレンジの連続です。七転び八起きとも言えるでしょう。どれだけそのチャレンジに没頭できるのか。とはいえ、飲まず食わずというわけにはいきません。

価値があり、大きな取り組みであればあるほど、結果が出るには時間がかかります。結果というリターンはいわばお金ですが、そのお金が入ってくるのはずっと先です。それまで待てるかどうかが肝心なのです。資本という体力がないまま始めてしまった者は、途中で待ちきれず、あきらめるしかないのです。そういうケースは実に多いのです。みんな、頑張ればなんとかなると思い込んでいますが、現実はそんなに甘くはないのです。

やります。やれます。頑張ります。大丈夫です。と口にするのは簡単です。しかし、それを証明せよと言われたら、どうやって証明しますか？　その証明こそが、先にも書いた、知識という底力。人と人とのネットワークと信用、ガソリンとも言える、いくばくかのお金です。

「じっくりと待てる強さを持て」。それが勝つための秘訣。そのために学ぶべきことを学べ。師が僕に伝えたかったのはこのことでした。

待てないということは、常に急いでいるということ。だからこそ、何か問題が起きた時、すぐに文句や愚痴を口にするし、何かあるたびに大騒ぎする。それが原因で頓挫する。

待てる強さがあれば、慌てることもなく、起きる問題すらもプロセスのひとつだと許容でき、冷静な判断ができるのです。余裕があるからです。

スポーツの世界でも同じですね。トップを狙うのであれば、まずはしっかりと基礎体力を手にしてからでないと、技術の習得もできませんし、決して競争には勝てません。いざって時こそ、基礎体力がものを言うのですから。

例えば、作物を育てる。人を育てる。人間関係を育てる。病気の治療や問題解決など、待つことが大切なことは、日常生活でもたくさんあります。

ビジネスにおいても「待つ」ことの本質は、それと同じです。それらを待たずに急いだらどうなりますか？　間違いなく失敗するのです。例えば、一カ月で一〇キロ減量できる方法など、本来、一年かけるべきことを、待たずに得る成果には、必ず大きなリスクがあり、決して健全ではありません。

ですから、「待つ」ということは、あらゆることの基本中の基本。大切な姿勢です。

心に刻み込むべきことです。待てない人は、まず成功しないのです。

　価値のあることであればあるほど、価値のある学びであればあるほど、しっかりと時間がかかります。そして、その時間に比例するように、大きな成果として返ってくる。しかし、それはずっとずっと先のこと。

　何度も言いますが、肝に銘《めい》じるべきは、「決して成果はすぐに得られない」ということです。意外とこれをわかっている人が少ない。みんな急ぐのです。待てないのです。実現や成果、リターンまで、いかに辛抱強く待てるか？　ということです。

　大きな夢を叶えるために、お金や時間、自分の持っているものを投資して待つ。しかし、夢が叶うのはずっとずっと先。とにかく時間がかかる。だからこそ、待つための強さ、待つための体力が必要です。

　体力にも段階があります。最初は一〇という体力かもしれません。その体力でできることをやり遂げ、次は五〇という体力で挑む。そして、次は……と繰り返していけばいいのです。

本書では、僕がどのようにして基礎体力をつけてきたのか。どのようにして待つための強さを身につけてきたのか。そして、ビジネスにおいて、体力と同じくらいに大切な情報を、どのようにして手にしてきたのか（情報とは経験である）。そこで気づいたことや学んだこと、確かめたことを自分にとっての備忘録のように書きました。

最後に、僕の師は「待つために、他のことをしているんだ……」とも言いました。さて、みなさんは、この言葉の意味をどのように捉えますか？　本書を読みながら一緒に考えていければと思います。

松浦弥太郎

二〇二〇年一月

目次

第二章　日々、お金を上手に使う

第三章　投資、運用……資産の増やし方

第四章　人生を豊かにする仕事とは

インタビュー　僕の仕事遍歴❹

第一章

お金と時間に詳しくなる

お金は使うことに価値がある

お金は、それ自体に価値があるわけではありません。一万円も一〇〇万円も、持っているだけなら違いはないのです。違いが出るのは、使う時です。

一万円で買えるものやできることと、一〇〇万円で買えるものやできることはまるで違います。一万円では海外旅行に行けませんが、一〇〇万円あれば海外のほとんどの国に行くことができるでしょう。**お金は、使って初めて価値が出るのです。**

お金を貯めたくなるのは、お金そのものに価値があると思っているからではないでしょうか。**貯めることは、使うことよりも簡単です。使い方には、たくさんの方法がありますが、貯めるための方法は、ひとつしかありません。使うのを控えるだけです。**

知人から、こんな話を聞いたことがあります。ずっと真面目に働いて、貯金をコツコッと何十年も続け、数千万円の貯蓄を築いた人がいました。

けれど、人生において、働くことと貯めることしかしてこなかったために、退職して、自由にお金を使える身となった時に、意味のある使い方、または価値のあることへの使い方がわからず、あっという間に貯金を失ってしまったそうです。それもひとつの人生ですが、この話から、お金の使い方は、貯めること以上に難しいとわかります。

お金と仲良くしている人たちは、お金を貯めようとはしません。彼らは絶えず、お金の使い道を探しています。なぜなら、現代においては、**お金は動かさないと、価値が減っていく一方だからです。**

業績のいい企業もそうです。増えた収益を貯め込まずに、新しい事業や設備に再投資すれば、さらに収益を増やすことができます。

お金は使えば減るし、使わなければ減らない。だったら使わないに越したことはないという考え方もありますが、お金はただ手元に置いているだけでは、確実に価値が減るのです。

物価が上昇すると、一〇〇円で買えたものが、十年後には一二〇円出さないと買えなくなります。一〇〇円を手元に置いていても、十年後に同じものは買えません。価値が減るとはそういうことです。


だけど使えば、価値を上げることができます。使い方によって価値は変わりますから、お金と仲良くしている人たちは、いつも価値が高い使い方は何かと考えているのです。

わかりやすい例で言うと、投資があります。投資信託や株式などの金融商品を購入して、値上がりすれば、一〇〇万円が一二〇万円になることもあります。新しい事業に資金を注いで成功すれば、リターンが何倍になることもあるでしょう。

もちろん、投資は成功するとは限りませんから、全ての財産を投じたりはしませんが、宝くじと同じで、買わないで得られるものはないのです。


彼らは、車の購入や旅に行くことにも、お金を持っているだけでは得られない価値を見出します。だから、どんな車を購入するか、どんな乗り方をするかまでしっかり投資として考え抜くのです。

旅に出る時も同じで、心身ともにリラックスしたいなら、それに向いているのはどこかをしっかり考えます。リラックスすることで、健康を維持できたり、旅から戻って精力的に仕事ができたりすれば、十分リターンがあるのです。

時には、旅先で得た経験をもとにビジネスを始めることもあるでしょうし、旅先で思わぬ人と知り合い、そこからチャンスが広がることもあるでしょう。**いずれにせよ、お金を使うことで経験や未来の可能性が得られるということです。**

だから僕は、あくまでも、自己管理内において、お金の使い道に困っていなければ、「今、順調にいっているな」と安心します。お金の動きが止まっている時は、何も起きていないということですから、いいことではありません。物事が順調にいっている時は、お金が動いているのです。

お金という資産は、使うことに価値があるのです。

時間もリターンを意識して使う

次は時間について考えましょう。時間はお金と違い、僕たちは、生まれながらに毎日与えられます。どこに生まれても、いつ生まれても、与えられる時間は一日に二十四時間です。

お金は、ほとんどの人にとっては自分か家族が働くことによって得る収入で、使うと減っていきます。毎日のように増えたり減ったりするものですから、無意識でいることは難しい。だけど、時間は増えも減りもしないので、お金以上にしっかりと意識する必要があります。

まずは、一時間の価値をどう理解するか、から始めましょう。時間の使い方が難しいのは、リターンがわかりづらいからです。

お金も時間もリターンを考える

お金はその点がきっぱりとしています。五〇〇〇円のTシャツを買う時、それが本当に五〇〇〇円の価値があるかどうか、たいていの人は考えるでしょう。一〇〇〇円のTシャツとどこが違うのだろうか、五〇〇〇円はもっと別のことに使った方が有意義なのではないか、などと考えて決断を下します。

時間もリターンを考えてみましょう。今から一時間を自由に使っていいとしたら、何をしますか。ぼんやりと何もしないで過ごす、本を読む、友だちに会う、LINEをする、という選択肢には、それぞれどんなリターンがあるでしょうか。その上で自分はどれを選ぶでしょうか。

時間から得られるリターンは、目に見えるものではないので、意識するかどうかにかかっています。

何もしないでぼんやりと過ごしたとしても、その時間のおかげで自分がリラックスできたのだとしたら、それはとてもいいリターンがあったということですが、ほとんどの場合は、リターンを意識していないのではないでしょうか。

リターンとは、損得のことを言っているわけではなく、そこで何が得られるのか、今の自分、未来の自分にとってどういう意味があるのか、です。

すぐに効果が現れることばかりではありませんが、上手に使った時間は投資したのと同じで、その時間があとで大きなリターンになります。だからこそ自分が今から使う一時間は、何のための一時間かを意識するようにしましょう。そこから得られるリターンの差が、人生にとても大きな影響を与えるのです。

仕事の時間はリターンがあることははっきりしています。会社で週に五日間、午前九時から午後五時まで働いているとしたら、その時間に対して、給料を受け取っているでしょうし、時給制なら時間とお金の関係はもっと明確です。

でもそこで考えることを終わりにしては、時間と仲良くなれません。時間が喜ぶかどうかは、その時間をどれくらい充実させられるか、どれくらい高いパフォーマンスを発揮できるかにかかっています。費用対効果という言葉がありますが、この場合は時間対効果です。

どうせならラクがしたいと手を抜いて過ごすのか、自分には何ができるのかと常に考えて行動するのかで、明らかに効果が違います。

どんな時も仕事をしている限り、会社の利益に貢献しない時間はないようにと心がけています。

例えば仕事仲間との面談であっても、お金を生み出すことにつながっている、という意識を持っています。単純に仲良くすればいいのではなく、彼らがもっと仕事がしやすくなるよう、困っていることはないか、これからどんなことがしたいかを聞きながら、コミュニケーションを取る時間なのです。

一定の給与や報酬を受け取って働いていると、時間に対して厳密に考える必要がなく、勤務中に気が緩むこともないとは言えません。

時間の使い方は自分でしかマネジメントできませんから、かなり厳しい目を注いでいないと、つい何もリターンがないような使い方をしてしまうのです。だから、常に自分は今、利益を生み出しているだろうか、と気を引き締め、少しでも多く利益を生み出すように工夫しましょう。

時間のリターンはいつも確実に手に入るものではありません。期待通りに事が運ばず、結果としてムダにしてしまう時間もあります。それはお金の運用と同じです。うまくいくこともあれば、いかないこともあります。

リターンを意識することは必要ですが、「リターンが得られないのではないか」と失敗を恐れるあまり、臆病にならないようにしてください。もしムダな時間を過ごしてしまったとしても、後悔するより、それをどう生かすかを考えましょう。

お金はどうすれば増えるのか

僕はアメリカの路上で本を売る生活をしていた頃、日課のようにいつもお金の計算をしていました。今、財布にいくらあって、ホテル代が何ドル、食事をすれば何ドル、これならあと何日持つと。

その頃はギリギリの生活をしていたので、使い方を吟味する余裕はありません。生活にどうしても必要なお金すら足りていなかったのですから当然です。厳しい毎日でしたが、つらかったという記憶はありません。

どうすれば、もっと本が売れるのかと考えて試行錯誤することが楽しく、人生が丸ごと、壮大な実験をしているような日々でした。どうやってお金を稼いで、どうやって使うのか。結果は自分の懐《ふところ》と経験に直結します。

その頃から僕は、自分の財布の中にあるお金をどうすれば増やすことができるのかと、考えていました。一万円を二万円にするにはどうすればいいのか。何をすれば一〇万円が二〇万円になるのか。

一万円で仕入れたスニーカーが、希少なものであれば、五万円で売れることもありますし、一万円で中古のギターを買って演奏して、一日で五万円を稼ぐこともムリではありません。その中で自分が確実に実行できるのは、どんなことなのか。それを自分が続けるためには、何が必要か。

僕は十代の頃から今日に至るまで、ずっとそんなことばかりを考えてきました。物の価値は固定されていないので、一万円を二万円にする方法はいくらでもあるはずです。原資を少しずつ大きくしていけば、一万円は、一〇万円にも一〇〇万円にもなります。

十数年前に、赤いクリップを物々交換して、最後には一軒の家を手に入れた人の話が話題になりました。それと同じで、使う過程に価値を与えていけば、お金は何倍にもなるのです。

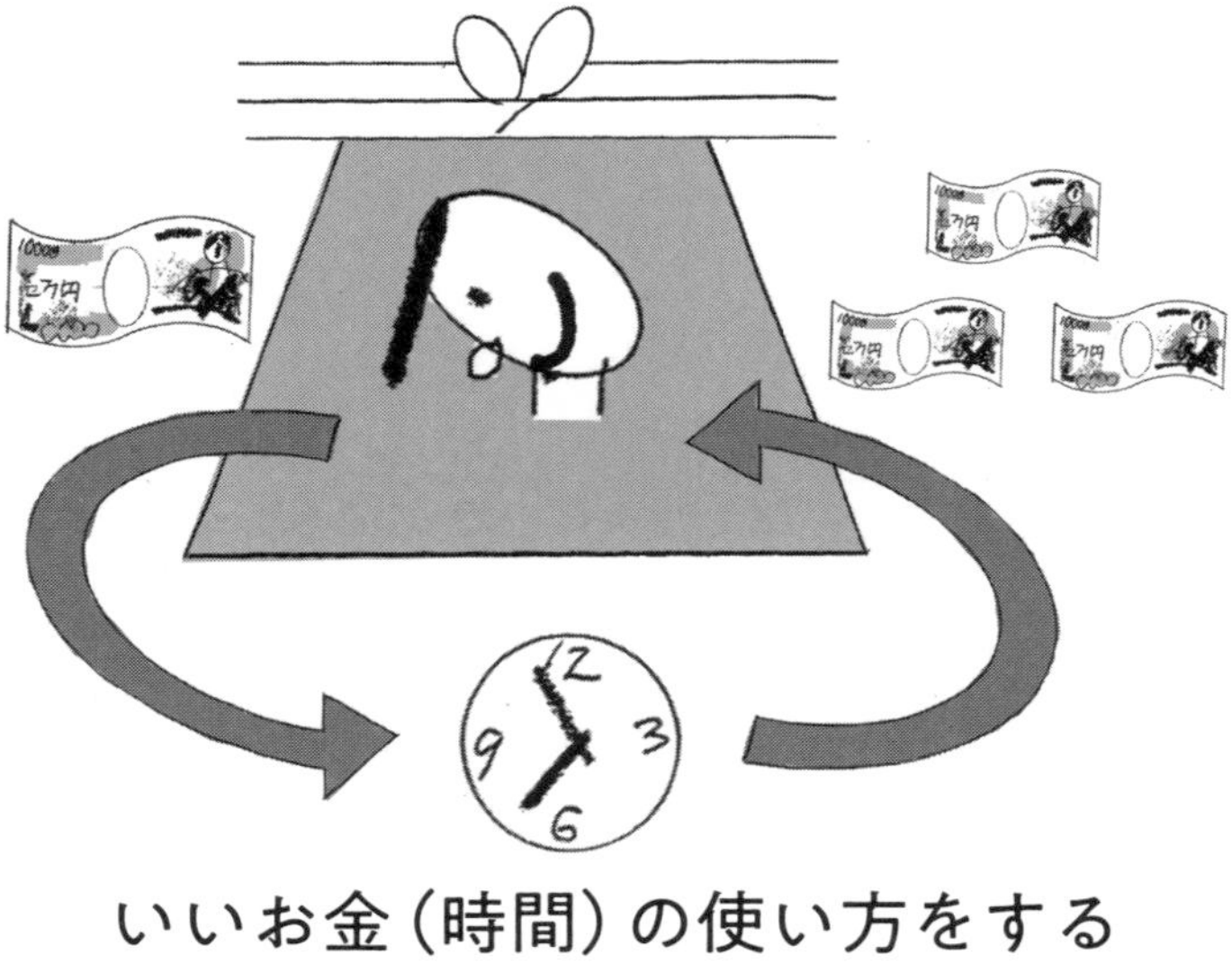

いいお金（時間）の使い方をする
＝資産になる

資産を築くために大切なのは、大なり小なりビジネスを続けることです。ビジネスに時間をかけないと、一万円は一〇〇万円になりません。

お金を一回だけいい使い方をしても、時間を一時間だけいい使い方をしても何も起こりませんが、**いいお金の使い方をじっくりと何度も何度も続ける。いい時間の使い方をじっくりと何度も何度も続けると、絶対に結果が出ます。**

結果を急がないことです。物事にはしっかりと時間がかかります。

僕は仕事で、大きな企業と取引をしたり、大きなプロジェクトに参加することがあります。個人でそんなことができるなんてすごい、と褒められることもあるのですが、その仕事が芽を出すまでにかけているのは、人が想像する何倍もの時間です。

そういう仕事は、お金が入ってくるようになるまでに最低でも半年、長いと一年以上かかります。名刺一箱分がなくなるくらいたくさんの人に挨拶をし、何度となく会議に呼ばれて説明をしたり、アイデアを出したりするのです。

その半年なり一年なりを待てるか待てないかで、大きな取引を成立させることができるかどうかが決まります。

この仕事は本当に決まるのかと不安になったり、こんなふうに社内の人とコミュニケーションを取っていて、無駄にならないのかと思ったこともありました。土壇場で契約してもらえないことだってありますから。

でもスケールの大きな仕事は、とにかく時間がかかります。なぜなら、ある程度まとまった金額を手にするためには、準備に時間がかかりますし、ただ優秀であるだけではダメで、確実に利益が出るという設計と、自分を信用してもらうことも必要だからです。

僕は時間をかけることが苦痛ではないので、一年でもじっくりと物事を進めることができます。だけど、短気を起こして待てない人は、どうして決定をしてくれないんですか？　どうして契約書がまだできないんですか？　とイライラしてしまうのです。

仕事全体で考えれば、中にはうまくいかないものもあるでしょう。それは時間をムダにしたのではなく、必然だったのです。

仕事を例に、お金の話をしましたが、自分の資産となるいい人間関係を築くにも時間がかかります。健康だってそうです。ランニングを三日やるだけでは効果は出ませんし、ダイエットをしようとしても三日だけでは成果が上がりません。

すぐに結果は出なくても、コツコツとやっていくうちに効果が現れて、何らかの実りをもたらしてくれるものが本当の意味での資産です。時間をかけてコツコツと築いたからこそ、結果という資産はあなたを守ってくれます。

ある日の発見

雑誌作りをしていた頃、僕は毎日どうすれば売り上げを伸ばすことができるかを必死で考えて、いろんなことを試したのですが、最初の五年くらいは期待したほどの実績が上げられず、かなり厳しい状況でした。

そんなある日、仕事を終え、家に帰る前に、夜中のコンビニに立ち寄って、店内をうろうろしていた時に、ふと「自分は何をしているんだろう?」と思いました。雑誌のコーナーに行ったり、お菓子のところへ行ったりしているだけで、大して欲しいものなんてないのです。

その時思ったのは、自分は何かを欲しているんだ、ということでした。だけど欲しいものがなかなか見つかりません。

世の中は不景気だと言われて長いですが、その時の僕のように、欲しいものが見つからない人は意外とたくさんいるのではないか、と気がついたのです。

結局その時、僕はアイスクリームを買いましたが、しっかり選んで買ったというよりは、ほとんど無意識に近かったと思います。

お金を使うという行為は、意外とこんなことなのかもしれない。アイスクリームを買うためにコンビニに行くのではなく、ふらっと立ち寄って、その時の自分を満たしてくれる何かを探して、適当なものを買っていく。買うことで疲れきった気持ちが救われるからです。

僕はその日、仕事で嫌なことがたくさんあってクタクタで、無意識に、嫌なことが忘れられるものをコンビニで探していたのです。

それがたまたまアイスクリームだった。確かに、アイスクリームを食べていると、今日あった嫌なことを忘れます。冷たくて美味《おい》しいからなんとなく気分が晴れるのです。そういうことがあると、また疲れたり、嫌なことがあった日は、仕事帰りにコンビニに立ち寄ってアイスクリームを買うようになります。

つまり嫌なことを忘れさせてくれるものであれば、人は喜んでお金を払うのです。

そこで次の日から、雑誌の作り方を変えました。もう一歩踏み込んで、読めば少しでも嫌なことを忘れられるかどうかにこだわったんです。そうしたら、霧が晴れるように、発行部数が上向きました。

そう考えると、ゲームもやっている間は嫌なことを忘れられるし、ユーチューブで動画を見るのもそうでしょう。お笑いを見たり、カラオケに行くのもそうです。人は現実逃避できるものには喜んでお金を払っているのです。

嫌なことを忘れるためにお金を使うのは、悪いことではありません。二〇〇円のアイスクリームを食べて嫌なことが忘れられて気分が変わるなら、十分価値があります。人はつらい時、苦しい時は、それを忘れさせてくれるものに、衝動的にお金を使いたくなるものです。

もしお金の使い方に迷ったら、一度立ち止まって、その使い方をお金が喜ぶかどうか、それによって自分はしあわせになれるか、それをうれしいと感じるかどうかを考えてみるといいかもしれません。

人から「そんな使い方は間違っている」と言われても、自分がしあわせになると思えるなら惜しみなく使いましょう。

だけど迷うのなら、自分がしあわせになれるかどうかがわからないなら、わかるまで待ちましょう。焦る必要はありません。今すぐなんとかしなくても大丈夫です。そうやってしっかり考えることで、少しずつ、お金との付き合い方がうまくなっていきます。

シンプルな形で深く助けること

仕事は、お金や時間ととても関係が深いものです。ほとんどの人は、仕事を通して収入を得ていて、多くの時間を仕事に費やしています。僕たちは仕事と、どう付き合えばいいのでしょうか。

編集長時代に、人は嫌なことを忘れさせてくれるものにお金を使うのだ、と気がついて、雑誌作りに生かしました。

嫌なことを忘れさせてくれるものを作る仕事とは、「困っている人を助けること」です。これが僕の仕事の定義で、編集長を退任したあともずっと「この仕事は、困っている人を助けているだろうか?」と常に指差し確認しながら仕事を進めています。もちろん本を作る時もそうです。

仕事は自己実現だ、と考える人もいます。自分の能力を最大限に生かし、人から認められることに喜びを感じるのです。

自分はお金のために働いているという人もいます。お金さえもらえれば、何の問題もないからと、苦しさも楽しさもなるべく感じないよう黙々と仕事をするのです。

人それぞれのやり方があると思うのですが、僕は僕自身を社会の歯車だと考えています。自分ひとりで社会を動かすほどの力はないけれど、自分の仕事が社会のどこかで役に立つことがとてもうれしいのです。

もちろん仕事は自分自身を生かす場でもありますが、**もっとも大切にしているのは、「それで困っている人は本当に助かるのですか?」という問いかけです。**

例えば、日本で旅をしたい海外の人に向けて情報を発信する時、多くの人は、とっておきのオススメスポットを挙げて、案内すると思うのですが、僕はそもそも旅をする人は、何かに困っているからだ、という発想から始まります。本人が意識していないような潜在意識のモヤモヤを探るのです。

だから単に、楽しい、うれしい、面白いだけの旅では不十分で、それに何かをプラスして提案します。潜在意識にあるモヤモヤを解決するようなコンテンツを用意するのです。その方が、旅をする人にもっと喜んでもらえます。

何かに困っている人が、喜んでお金を払ってくれるものを生み出し、それによって僕にも報酬をいただける。それが理想の仕事のやり方です。

世の中にはすてきだ、おしゃれだと評価されるものがたくさんありますが、時には、「それは困っている人を助けるものだろうか」という問いかけに対して、「ちょっと違うよね」と思うものもあります。

もてはやす人はたくさんいるかもしれませんが、それにはおそらくあまり多くの報酬は入ってきません。なぜなら人は単に素敵なだけのものに、お金を払おうとは思わないからです。

困っている人をもっともシンプルな形で深く助けることができるものに、お金はつい

てくるのです。

感動を売る

お金と仕事の話になると、収入の多い少ないの話題がよく出ます。そこにはどんな本質があるのでしょう。例えば、なぜあの人はこんなに収入があるのか。それは単に所属している会社の規模が大きかったり、高いポジションだからでしょうか。

僕は、世の中を見渡して、収入の多い人と収入の少ない人の違いは何かとすごく考えたことがあります。違いはとても単純なことでした。

人であろうと会社であろうと小売店であろうと、共通する原理原則が存在しています。収入が多いとは、利益が上がることです。利益とは何から生まれてくるのでしょうか。

利益の本質、それは「感動」です。利益とは、感動する人の数に比例するもので、利益が多いということは、それだけたくさんの人に感動を届けたということ、利益が少ないということは、感動を届けた人の数が少なかったということです。

年収一億円のタレントと、年収三〇〇万円のタレントの違いを考えればよくわかります。違いは、感動する人の数です。人気のあるタレントは、テレビにたくさん出演することができますから、嫌なことを忘れて感動する人の数、がぐんと増えます。同じ時間を費やして芸を披露しても、感動する人の数がまるで違うのです。ですから収入に三〇倍以上の開きが出ます。

プロのアスリートが、何十億円も稼ぐのも理由は同じです。テレビを通じて彼らのプレーに感動する人が、世界中に何億人、何十億人といます。

収入には方程式があって、感動×人の数という式で表すことができるのです。

誰もが人気のタレントや有名なアスリートほど稼げるわけではありませんが、収入を増やしたければ、この方程式を思い浮かべてください。

どのような業種の仕事においても、その先には必ず生身の人がいて、最終的には、誰かが感動することで、仕事は成立しています。その人数が鍵になるのです。

答えはとてもシンプルです。しかし、たくさんの人が感動するものは、そう簡単には見つかるものではありません。それを考え出すのに世の中の多くの経営者は苦労しているのです。

もしあなたが会社員で、自分の収入を増やしたければ、会社の中で自分を認めてくれる人を少しずつ増やしていく努力をしてみましょう。

今現在、五〇人いるなら、それを六〇人、七〇人、一〇〇人、二〇〇人と増やしていくことをイメージしてください。もし、従業員二〇〇人の会社で一五〇人が感動してくれるようになったら、いつの間にか社長になっています。そういうものです。

だから、いつも心の中で、今日よりも明日、明日よりも明後日《あさって》、一人でも多く、自分の発言や提案、考え方、行動で感動する人を増やしていくという努力を積み重ねましょう。

収入の多い仕事が正しくて、少ない収入の仕事が正しくないということではありません。人それぞれのヴィジョンがありますから、たくさんの収入がなくても、健全な仕事、経営というのもあります。

収入が多いのは、それだけたくさんの人と対峙し、たくさんの責任が生じ、その仕事を維持していくには、たくさんの従業員やきちんとした環境が必要になりますから、仕事のやり方はまるで違ってくるでしょう。

感動は非常に多様性があって、一万人の人が感動する価値があれば、一〇〇人の人だけが感動する価値もあるのです。だから利益の大小にそれほどこだわる必要はありません。

ただお金と仕事を考える上で知っておきたいのは、先ほどの方程式、収入の金額＝感動×人の数です。もっと収入を増やしたいと思ったら、その数をいかに増やすかを考えましょう。

収入＝感動×人の数

それが僕の考える仕事とお金の関係です。

物には執着しない

今、僕は本当に、簡素な生活をしています。あまりの物の少なさに、たいていの人は驚くのではないでしょうか。

これまでは、確かに、「これがいい」「これが好き」というものをたくさん揃えた生活をしてきましたが、それしか認めない、それでなくてはダメ、というほどの強いこだわりではありません。

世の中の多くの人が「これはいい」と絶賛しているものを、自分も使ってみようと試すこともあります。それはどちらかというと「欲しい」というより「知りたい」に近い感覚です。

自分で試すと、それがなぜ人気なのか、どこがいいのかがよくわかります。それが気に入ればもちろんそのまま使い続けますが、この先もずっとこれでなくてはいけないと思うほどのことはまずありません。いいものがないのではなく、その体験が大切であり、僕自身が物にあまり執着していないのです。


今、家の中を見渡して、これだけは絶対に手放せないと思うものも特にありません。厳密に言うと、少し前まではあったのです。それを手放したから、今はきっぱりとないと言えます。

僕はアコースティックギターが好きで、何年か前に、ずっと長い間憧れていたギターを手に入れました。世界に十数本しかないという希少なギターで、とても苦労して手に入れたのです。とても高価なものでした。

弾いてみると音色も素晴らしく、一瞬にして、一生手放さないと心に決めるほどでした。一生かけても学びきれないくらいの魅力を感じたのです。少しずつ自分で確かめながらいい関係を築いていこうと思っていた時に、ひょんなところから、それを欲しいという人が現れました。その人もずっと探していたというのです。

理由を聞くと、僕よりももっと必然性があって、情熱もありました。そうしたら、不思議とギターへの執着が消えたのです。僕にとっても価値のあるギターですが、あなたの方がこのギターを好きなことがよくわかりました、と言って、まったく躊躇することなく、その人に譲ることができました。

それでわかったのは、物欲というのは、意外と儚《はかな》いものだということです。僕はずっと本屋をやっていますから、貴重な本、これだけは売りたくないという本との出合いもありました。だけど、買いたい人が現れると、すぐに気持ちよく売りました。本に関してもどうしても手元に置いておきたいというものは、ないのです。

物にも、物にまつわる記憶も一緒に大切にしたいという人もいるでしょう。どこかへ行った時に記念に買ったものなどがそうです。だけど記憶は、記憶としてあればいいと思っています。物がないと忘れてしまうなら、それでいい。それでラクになる部分もあるような気がするのです。

物に執着するのは、精神的に満たされていなかったり、自信がないことと関係すると も聞きます。僕も、若い頃は自分の持っているもので、自分を表現することがありました。

だけど年齢を重ねると、自分の心の満たし方もわかってきます。物ではなく、もっと根っこの部分の豊かさで自分を満たせるようになるのです。世の中にはすてきなものがいっぱいあるので試したいと思うものはありますが、たいてい一度試せば満足してしまいます。

ですから、僕は、この頃、ほとんど物を買わなくなりました。節約しようと心がけているのではなく、何かを欲しいという気持ちが湧いてこないのです。むしろ節約を心がけようとすればするほど、物欲が強くなるのではないでしょうか。

物が多くて困る、買い物がやめられない、という人は、自分が何に執着しているのかを探ってみると、物ではない何かが見えてくるかもしれません。

体験にお金を使う

欲しい物がないとしたら、何にお金を使うのでしょうか。体験です。

僕の知人の話をしましょう。彼はクルマがすごく好きで、半年に一回くらいクルマを買うのです。会うといつもクルマの話で、次はこれが欲しいと熱く語ります。そんなに想いのあるクルマだから、さぞ大事にしているのだろうと思っていると、彼はだいたいどれも三カ月後くらいに売るのです。

これに乗りたい、このクルマに乗ることが自分の夢だったと言っていたクルマを手に入れた時もそうでした。僕の「好き」の解釈とはずいぶん違っていて、ずっと彼のそんなクルマの売買が理解できなかったのですが、最近になって、ようやくわかるようになりました。

彼はクルマが大好きだから、クルマに乗るという経験を楽しみたいのです。そのクルマがどういうエンジン音がして、どんなふうに加速して、ハンドル操作はどうか、スピードを出した時、どんな一体感が得られるのか、という体験が知りたくて、クルマを買うのです。それがわかれば、また次が知りたくなる。

クルマ好きにもいろいろなタイプの人がいて、一台のクルマを大切に乗り続ける人もいますが、彼の「好き」は好奇心なのです。クルマのことをもっと知りたいから、一台わかると、また次を知りたくなる。そうやって経験を積み重ねていくことが学びであり、楽しいのです。

もちろんそれは、最初の原資がないとできないことですが、クルマ以外でもそういうことをする人はいます。ワイン好きを思い浮かべれば理解できるかもしれません。ワインは飲めばなくなりますから、次から次へといろいろな銘柄に興味が移ります。

せっかく買ったクルマをすぐに売ってしまうのですから、損をしているように見えるのですが、よく考えれば、それは損ではないのです。体験したいクルマですから、価値も高く、再販価値も高いのです。その経験のおかげで、誰も知らないようなクルマの特徴を延々と語り続けることができますし、それを発信することもできます。そんなことができる人は、それほど多くはいないでしょうから、ビジネスになるかもしれません。損をするどころか、収益を上げることだってできるのです。

少し極端な例ですが、体験にお金を払うとは、そういうことです。彼の場合は、クルマに絞っていますから、体験をどんどん積み重ねています。自分のお金を使って得た一次情報ですから、とても強力なコンテンツです。

もちろん彼の人としての魅力も教養や知識もどんどん増えていきますから、ビジネスとは関係なくても、経験の豊かさという点ではかりしれないものがあります。

インターネットのおかげでありとあらゆる情報が手に入る時代だからこそ、**体験することの価値がどんどん高くなっています。**これはあらゆることに言えることです。

僕も、体験や学びに時間やお金を使いたいという気持ちが大きくなっています。お金の使い方としてはそれが一番、健全だという気がするのです。人は、こういうものを持っている、こういうものを身につけている、こういうクルマに乗っているということで、人より優位に立とうとすることがありますが、今は、このクルマに乗っていることよりも、このクルマに乗るとどんな感じがしたのか、その体験に価値があります。

評判のレストランに足を運ぶこともそうです。そこに足を運んで実際、どうだったのか。料理の味だけでなく、どんなカトラリーを使っていて、どんなサービスが受けられたのか、どんなお客さんがどんな様子で食事を楽しんでいたのかを自分で体験することが自分自身の資産になります。

体験は、物のように目に見える形では残りませんが、人生を豊かにしてくれる資産なのです。

お金について学び、資産形成を考える

僕自身がアメリカで苦しい暮らしをした経験があるから言うのですが、自由に使えるお金がほとんどないとしたら、お金の使い方には困らないでしょう。なぜなら選択肢が少ないからです。

アメリカで一日一〇ドルで暮らすとしたら、今日の晩ごはんは何を食べようか、フレンチがいいかイタリアンがいいか、とは考えません。そもそもそんな選択肢はないのです。

「節約が大事」と言う人は多いのですが、自分の日常に必要なものまで削らなくてはいけないとしたら、**節約を考えるより、収入を増やす**ことを考えた方がいいでしょう。

僕は長くフリーランスでやってきて、暮らしていくのがやっとの時代もありましたし、

それなりの収入が得られるようになってからも安定しませんでしたから、暮らしぶりはいつもギリギリでした。資産と呼べるほどのものはなく、それほど選択肢がないからお金の使い方で深く悩むこともありませんでした。

その頃と比べれば、今は少し悩めるようになっています。ギリギリの状況を抜け出せたのは、あきらめなかったからです。そういう自分で一生いるわけがないと思い、どうやって収入を増やそうか、と考え続けて、行動に移して、チャレンジをしてきました。そこを突破したから、新たなステージが見えてきたのです。

ある女性の話をします。運動が苦手だった彼女はある時、トライアスロンに挑戦したいと思いつき、コーチについて練習を始めました。仲間の中でも一番体力がなく、初めてのレースは一人だけ完走できませんでした。

だけど自分は、もともと運動をやっていたわけではないのだから当然だと考えて、ほかの仲間が練習をやったりやらなかったりしている中で、黙々とつらい練習を続けたのです。それでもなかなか完走できません。

なぜ彼女はそんなふうに練習を続けられるのか。それは、ひたすら「いつか自分も必ずできる」と、信じていたからです。

数年後、彼女はようやくレースで完走できました。その後、仲間たちをぐいぐいと追い抜き、今やトライアスロンのレースで上位を争う存在にまでなっているそうです。体つきもアスリートのように美しくたくましくなりました。

何事も大切なのは、自分を信じてチャレンジを続けることです。最初から良い結果など出るわけがありません。それでもいつか自分にもできると信じて、あきらめずに学び続けることで結果がついてきます。

この結果は、苦手だったスポーツにチャレンジした勇気と、できない自分を、いつかできると信じ続けて、あきらめなかったことによって生まれたものです。どんな世界においても、コツコツと学び続け、あきらめなかった人が大きなリターンを手にします。

今は収入が少なくても生きていける時代です。それで十分幸せだとしたら、それほど考える必要はありません。手頃で美味しい食事を出すレストランもありますし、丈夫で着心地のいいカジュアルウェアもたくさんありますから、お金をかけないで生活をするのはそれほど難しいことではありません。

なんとなく楽しく暮らすことはいくらでもできますし、実際、周りにはそういう人が多くいるでしょう。

一方で、より良く暮らしたいと思えば思うほど、考えなくてはいけないことがたくさん出てきます。

余裕資金は、普通口座に置いておくのか、投資をした方がいいのか。家は買った方がいいのか、それとも賃貸がいいのか。保険に入った方がいいのか、子どもの教育はどうするのか、と、収入が増えるほど選択肢が増え、より良い暮らしをと思えば思うほど、いろいろな選択肢の中で、お金のことを学ぶ必要が出てきます。

「今のままでいい」というのも選択肢のひとつです。だけど知らない世界を学び、**今よ**

りもっと楽しい人生を送りたいと思うなら、今こそ、資産形成についてしっかり考える時期です。あらゆることの変化のスピードが速くなっている時代だからこそ、そう思います。

お金、仕事……観察しながら学ぶ

お金のことも仕事のことも、そして人生についても、僕の学びの基本になっているのは観察です。好奇心を持ってよく観察して、世の中はどうなっているのか、これからどうなっていくのかを、自分なりに解釈しておくと、いざとなっても慌てません。

観察を続けていると、ある種のパターンが自分の中に蓄積されていきます。「こういう時は、こうした方がいい」「こんなことがあったあと、こういうことが起きた」などのデータが、仕事のアイデアに生きることもあれば、自分の人生をどうやって歩んでいくのかというヒントになることもありますし、お金との付き合い方に生かせることもあります。

観察は、把握を経て、想像力にもつながります。「こうすれば、この人は興味を示してくれるだろう」「商売がうまくいっている人は、こういうやり方はしないだろう」と想像できるようになるのです。

最高の結果と、最低の結果を想像することもできるようになります。事業を始める時にそれができれば、覚悟が決まります。

僕は、日頃の観察があるから、成り行き任せ、会社任せ、世の中任せにならずに、何事も自分で判断できるのだと思っています。情報格差という言葉がありますが、**何かに気がつかないために、リスクを負っていたり、不利益を被ったりすることもよくある**のです。

僕は子どもの頃から、観察するのが好きでした。自分ではそれを観察と思わないまま、物事をよく見ていました。子どもの頃に母から怒られたのは「そんなにじっと見ないの」でした。どこへ行っても僕は何かをジーッと見ている子どもだったのです。自然観察ではなく、物事の状況を見たり、人の動きを見たりする子どもで、ひとりでいろんなところへ出かけて、いろんなものを観察していました。

高校を中退して様々なアルバイトをしていた頃は、あらゆる階層の人たちと触れ、平気で嘘をついたり、素知らぬ顔で人のものを盗む人を間近で見ましたし、アメリカでは、親切そうに声をかけてきた人が、良からぬことを企んでいることもよくありました。そうした経験も、僕の観察力を磨いてくれたのです。

「アイデアは、ひらめきだ」と聞くことがありますが、僕の感覚では、それは決して突然、どこかから降りてくるものではありません。日頃の観察があり、そこで培われた理解力と想像力があり、さらにその先に思考があるのだと思っています。

「自分の頭で考えろ」とよく言われますが、何から始めていいのかがわからない時はまず観察から入ることです。そして想像し、思考する。

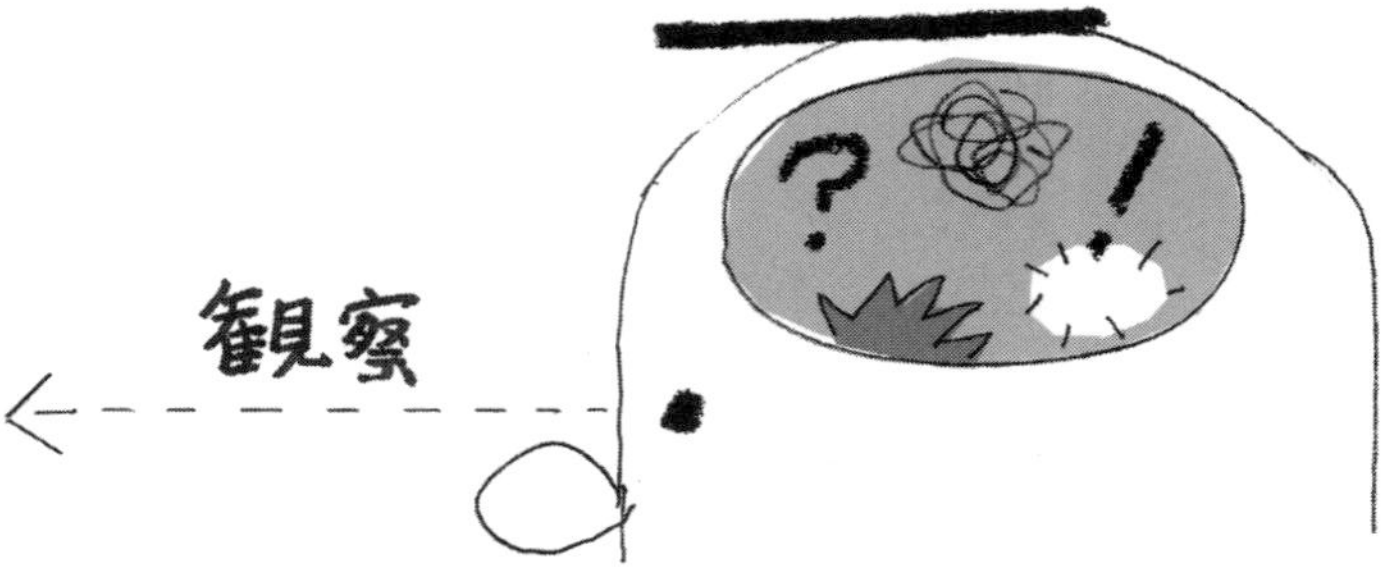

観察力を磨く

「とにかく始めることが大切だ、行動しながら考えればいい」と言う人もいますが、勢いだけではうまくいきません。お金のことは特にそうです。

まずは、お金と仲良くしている人が、どんなふうにお金と付き合っているかを自分なりに観察すること。お金の立場になって、どんな使い方をすれば喜ぶかと想像すること。そのあとに、思考がついてきて、知識が養われ、自分なりのやり方が見つかります。繰り返すうちにどんどん思考の精度は高まります。

自信は財産になる

アルバイトを始めた頃、特別な技術を持たなかった僕ができることと言えば、荷物運びか掃除でした。ほとんどの新入りが最初にやる仕事ですが、僕は掃除に関して、ピカイチにうまかったのです。例えば、職人が作業をすると、さっとほうきで掃いたり、道具を片づけたりして、僕がいる現場はいつもきれいに片づいていました。

仕事を始めて一番最初に褒められたのは、そのことです。せっせと掃除をしているうちに、僕は現場でなくてはならない存在になっていました。僕が仕事を休んだ日は、床に道具が散らばっていたりして仕事がやりにくいというので、専門技術もない下っ端なのに、とても重宝がられたのです。

その時に、自分は掃除や片づけが人より上手だと知ったことが、僕の自信につながりました。掃除と片づけに関して自信を持つことができたから、あれ以来、何かあってもそこで勝負できる、と思っています。

小間使いも上手でした。現場では休憩時間に「コーヒー買ってこい」「タバコ買ってこい」と年上の人に命令されるのです。若いと、そうやって頼まれます。

僕は言われると、「はい!」と返事をしてすぐに近くのコンビニまで走っていきます。帰りももちろん走りますから、早いんです。

他の若者たちは、内心、面倒くさいと思いながら歩いていきますから、僕はそこでもすごく褒められました。ますます頼りにされるようになり、しばらくすると一番の下っ端なのに名前と顔を覚えてもらえるようになったんです。

「あいつはほかのやつとは違う」と一目置かれるようになって、次の現場で誰をいつ使うかという話になった時に、僕はすごく大事にされるようになりました。「こいつは何か頼めばいつも一生懸命で嫌な顔ひとつしない」「こいつがいるだけで現場はいつも片づいている」とみんなが知っていますから。

すると、割のいい現場に呼んでもらえたり、現場で力のある人に引き抜かれたりするようになります。すごく待遇が良くなるのです。

僕は掃除や片づけも、使い走りも得意だと自覚していたわけではありません。そもそも特別な能力が必要なものですらなく、たまたま**与えられた仕事を一生懸命やったら、「彼はすごい」と言われるようになった**というだけです。

だけどそうやって認められたことが、とても自信になりました。ささいなことですが、何があっても自分はこれで勝負できると思えたことは、高校を中退した僕にとって、とても大きな意味がありました。

どんなささいなことでも、ベストを尽くせば自分の特技になります。人に喜ばれることが成功体験になり、自信につながります。

今、僕は会社経営や執筆業を学んでいますが、それがもしダメになっても自分にはこれがあると思えることには、ものすごく大きな意味があるのです。


自分を否定されることに敏感に反応する人が最近増えていると聞くことがあります。ちょっとしたダメ出しに耐えられなくて、落ち込んだり、キレたり、さらには、人と会うことが苦痛になったり、仕事をすることが怖くなったりすることもあるようです。だけど生きていれば、自分を否定されることはよくあります。学びはそこから始まるのです。

もう少しだけ踏ん張って、自分自身の得意を見つけたら、きっとものすごくラクになります。

自信を持つことが大事だと言われますが、それは何も特別なことではありません。僕のように、仕事場で褒められたことで自分の得意を知り、三十年以上たった今も成功体験として心に刻んでいる人間もいます。

何が得意かわからないとしたら、何をしている時が一番楽しいかを考えてみてください。これなら夢中になって時間を忘れられるというものが何かあるはずです。それは必ずしも仕事で使えるとは限りませんが、「これが得意だ」と思えることは自信につながります。

自信は、人間にとってとても大切な財産です。自信を築くことはそれほど難しいことではありません。何かを一生懸命やってみてください。否定されても、くじけないで続けましょう。あなたのことを見ている人が必ずいるのです。

小さなアパートで

子ども時代は、何も特別なことはありませんでした。生まれたのは一九六五年です。六畳の和室と二畳くらいの板の間だけのアパートで、トイレはありましたが風呂はなく、銭湯に通っていました。

現代の感覚からすると、家族四人で暮らすには、十分と言えない広さかもしれませんが、当時、東京都中野区で暮らしていた僕の周りはだいたいそんな感じで、銭湯に行けば友だちの誰かと必ず会えたし、不自由を感じることはありませんでした。

お小遣いは、だいたい五〇円、一〇〇円くらい。僕は一日で使いきっていました。その頃は、使い方なんてあまり深く考えなくて、親からもらうと、すぐにノートやお菓子、くだらないおもちゃを買いに行って終わり。誕生日には、親から欲しいものを買ってもらえたので、近くなると何がいいか、考えたりはしていました。

子どもの頃は、友だちと遊んだり、本を読んだり、自転車で少し遠出してみたりと、お金を使うことよりもっと楽しいことがいっぱいあったんです。

確かにうちは貧しかったたし、クラスメイトには、うんとお金持ちの家の子もいましたが、卑屈になるようなことはありませんでした。あの人が持っているあれが欲しいと思ったこともありますが、自分の心を支配するほどのことでもない。だって、毎日が楽しかったですから。明日はどうやって遊ぼうか、明日友だちとどこへ行こうか、と考えることの方が、僕にとっては圧倒的に重要だったのです。

当時は子どももいっぱいいたし、共働きしている親が多くて、学校から帰ってきて夕方までは、子ども同士で思いきり遊んでいました。だから、お金のありがたみを考えることはほとんどなかった気がします。

古書街で知った外国

外国に興味を持ち出したのは、小学校低学年の頃です。それははっきりと覚えています。当時僕は柔道をやっていて、週に一回、JR水道橋駅近くにある講道館まで通っていたんです。その帰りに、ちょくちょく立ち寄っていたのが神保《じんぼう》町《ちょう》の古本屋街でした。

最初は、外から眺めてブラブラするだけでしたが、そのうち気になる本屋ができて、中に入るようになりました。僕が見ていたのは、洋雑誌や写真集でした。そこには、これまで見たこともないような暮らしが写し出されていて、とても興味を持ったのです。

そのうち柔道よりもこちらの方が断然面白くなって、柔道に行かないで神保町で過ごす日もありました。

ところがある日、僕が好きで通っていた本屋が閉店することになったのです。店に貼り紙がしてあって、何月何日で閉店します、と書いてある。がっくりしました。ますますその店に入り浸るようになって、ついに最後の日を迎えた時、顔見知りになっていた男性が、「お前、よく見るな。この店、好きなんだな。一冊買ってやるよ」と声をかけてくれたんです。

この本屋で時々顔を見かけた人でした。買ってもらったのは、一冊の洋雑誌です。とてもうれしかったですね。

それから何年かして、ある雑誌に見覚えのある男性が紹介されているのを見つけました。そう、あの時、僕に古い洋雑誌を買ってくれた男性です。植草甚一さんでした。ひと言、お礼が言いたかったのですが、すでに亡くなられたあとでした。

初めての仕事は日雇い

僕は、高校を二年生の時に中退しています。ここには、何もやりたいことがないと思ったんです。

両親から反対はされませんでしたが、これからは自分で生きていく、という意思表明でもありましたから、小遣いはもらえません。

すぐにアルバイトを始めました。当時は、校則でアルバイトを禁止している高校も多く、十八歳以下の子どもができる仕事はあまり多くはありませんでした。

僕が見つけたのは、建築や土木関係の仕事です。高田馬場の線路脇の公園に朝六時に行くと、「立ちんぼ」と呼ばれる人たちが集まっていて、トラックやマイクロバスがそれぞれ必要な人数を乗せて仕事の現場に連れて行きます。

誰も名前で呼ばれない、履歴書がいらない仕事でした。アルコール依存症の人や身体に障害がある人もたくさんいました。一日八時間くらい働いて、五〇〇〇円から場合によっては八〇〇〇円くらいになったでしょうか。月にすれば一〇万円近く稼いでいたのかもしれませんが、日払いなので、月収という感覚にはなりません。お金を貯めようとも考えませんでした。

現場では、僕は若くて素直だし、体力もあるから、どこへ行っても一番人気で取り合いになるくらい。そのうち日給も多くもらえるようになりました。人に必要とされれば、多く稼げることはこの時、学んだんです。子どもの頃には触れたこともなかったような世の中の日の当たらない世界のことも知りました。

五〇万円を貯めてサンフランシスコへ

親が心配しているのはわかるので、昼間は働いて、空いた時間に雑誌を見たり、映画を観に行ったりしていましたが、そのうち海外に行きたいと思うようになったんです。

当時はまるで未知の世界でしたが、洋雑誌で見る外国に憧れていたので、まずはお金を貯めてアメリカに行ってみようと考え始めました。


だけど、そんなに簡単なことではありません。一ドルが二五〇円くらいの時代ですからお金もかかりますし、そもそも気軽に海外旅行に行く人がそんなにいない時代です。何かを知りたいと思っても情報がほとんどない。

ただ今になって感じるのは、詳しい情報がないからこそ大変さがわからなかった。それで簡単にできると思ってしまったという面はあるかもしれません。

旅行会社のパンフレットを見たりして、アメリカならだいたい五〇万円ぐらいあれば、行って帰ってこられるようだと思って、まずは五〇万円を目標にお金を貯めることにしました。それだと、日払いの仕事では厳しい。

そんな時に見つけたのが、運送業者のアルバイトです。荷物が集まってくるターミナルの仕事で、夜の八時から朝の五時まで。深夜ですから時給が高くて、毎日やると月に二八万円くらいもらえました。

五〇万円が貯まったのは、高校を中退して半年ぐらいたった頃です。すぐに旅行会社に行って、サンフランシスコ往復の航空チケットを買いました。行きの便の予約だけをして、帰りの便は三カ月以内であればいつでも予約できるオープンチケットです。

親には向こうで学校に行くと嘘をつきました。友だちもいるし、アルバイトもできそうだと話をしましたが、何をするかはまったく決まっていませんでした。

滞在費として用意したのは一〇万円。クレジットカードすら持っていませんでした。ホテルの予約もしないまま現地に着いて、「Hotel」という単語を道行く人に話しかけながらようやく見つけたのは、一泊八ドルの安宿です。旅行者用ではなく、アパートが借りられない人たちが住むホテルで、部屋にはトイレもシャワーもありませんでした。

初めての海外で、言葉も通じないし、そんな安いホテルに泊まったこともない。

周りは全員知らない人で、怖いという意味では、すべてが怖かったです。でもそこにいると、いつの間にか、それが普通になるんです。

常に警戒はしていますし、何をするにも慎重でしたが、だんだんビクビクしなくなって、もう来てしまったんだからしょうがない、と開き直れるようになりました。誰も頼れる人がいないし、全部自分でやるしかなくて、だけど何ひとつスムーズにはいかない。当時はスマートフォンなんてないですし、公衆電話を使おうとしても、使い方ひとつわかりません。英語ができないから、簡単なコミュニケーションすらできません。でも仕方がない。

食事は道端で売っているような安い中華料理を食べていました。お金がなんとか足りたのは、使う方法がなかったからです。なかなか厳しい旅でしたが、そこで僕が感じたのは自由でした。自分で考えて、自分でやったことが、すべて自分に返ってくる。そんな日々がとても新鮮だったのです。

僕の初めての海外旅行は、こんなふうでした。

本屋との出合い

予定の三カ月がたち帰国したら、また資金稼ぎです。ふたたび運送業者のターミナルの仕事に就きました。この仕事は、いつでも復活できたんです。厳しい仕事なので、そもそも三カ月しか続けて働けない仕組みになっていましたが、大半は一日、二日で辞めてしまう。よっぽど稼ぐ意欲が強い人でないと続かないのですが、僕は、まったく文句も言わずに黙々と働いていたので、行けば大歓迎してくれて、いつも行ったその日から働かせてもらえました。

それで三カ月くらい働いてお金が貯まったら、またサンフランシスコへ行く。そんなことを繰り返していました。

最初のうちは知り合いもいなければ英語もしゃべれないから、いつもヒマでしたが、通ううちにだんだんと適応して、興味があるものも見つかります。それが本屋でした。

サンフランシスコの本屋には、これまで日本で見てきた本屋とはまったく違う世界が広がっていたのです。日本では、たいてい大きな駅前にはベストセラーを中心に扱っているような本屋がありますが、立ち読みは歓迎されませんし、スタッフはいつも忙しそうにしています。


だけどあちらでは、新刊本を扱う本屋も古本屋も、店主の個性が品揃えに反映されるので、どこの店もまるで違っていました。店内にはたいていソファや椅子が置いてあって、客はそこに座って自由に本が読めるんです。フリーでコーヒーが飲める店もたくさんありました。

この本屋の品揃えが好き、この雰囲気が好き、という人が集まってきて、ひとつのコミュニティみたいになっているんです。もちろん、今日はこういう本が欲しいからこの店に行こう、と選ぶこともできました。

それぞれの本屋がその街の文化や個人の表現を発信するキーステーションみた

いで、こういう本屋ってすてきだなと思って、しょっちゅう通っていました。ここなら英語を話さなくて済むし、英語の本は読めないから、画集やアート系の本ばかり見ていました。

とても居心地が良くて、そのうち顔見知りもできて、だんだん場に馴染んでいって、僕は本屋という場所に救われたんです。その頃、日本にもこういう場所があれば、と考えるようになっていました。

第二章 日々、お金を上手に使う

大金が手に入ったら

一生懸命、仕事をして、貯金をしたり、投資をしたりして、やっと一億円を手に入れた、という人たちがいます。その人たちに共通しているのは「意外とうれしくなかった」ということです。ずっと目指してきて懸命に頑張って、ようやく念願がかなったのに「だからなんなの?」と思ったと言います。

欲しいものが買えて、生活も安定するだろうと思っていたのに、欲しかったものをすぐに買うような浮かれた気分にはならないし、かえって、この先どうしようかと考え込んでしまったそうです。

あらためて、お金そのものには価値がなく、大事なのはこれからどうするかということだと気づくのかもしれません。

以前、アメリカの雑誌に面白い読み物がありました。将来お金持ちになることを夢見た若い二人の女性が、ニューヨークの街を散歩しながら「一億円あったら何に使う?」とおしゃべりをする内容で、一人はまずこう言うのです。「寒い冬のために、あったかいカシミヤのセーターを買うわ」。するともう一人が、「私はムートンのジャケットが欲しい」と言いました。一億円あるのだからと、もっともっとと欲しいものを挙げていき、結局二人は「ミンクの毛皮のコートが欲しい」となりました。

二人は散歩しながら欲しいものをあれこれと言い合っていきます。ある宝石店の前で足を止めました。ウインドウに飾られたダイヤモンドのネックレスを見つけたのです。「これが欲しいわ」「私もこれを買いたい」。二人の意見は一致し、そのネックレスがいくらなのかを知りたくて店に入って値段を聞きました。そのネックレスはなんと二億五〇〇〇万円でした。

二人は目を合わせて肩を落としました。そしてこう言ったのです。「一億円じゃ全然足りないわ」。

最初は楽しかったおしゃべりでしたが、最後はなんだか暗い気持ちになって、二人は家路についたのでした。

とても都会的で、面白い読み物でした。ここで感じたのは、人の欲望とは果てしなく、もっともっとと欲を出せば出すほど、どこかで必ず現実を知ることになるということです。自分自身の欲望のむなしさに突き当たるのです。

実際に一億円を手に入れた人たちも同じような心境なのではないでしょうか。手元に一億円があっても自分自身は何も変わらないし、急に生活を変えるのも難しい。だけど使えばどんどん減っていくとしたら、この一億円で自分は何をすべきなのか。

使い方によっては人間関係を壊すこともありますし、下手《へた》に使えばあっという間になくなります。一億円を手にしたことで、人生の悩みは減るどころか、増えるのかもしれません。

日々の生活で、家賃や食費は特別意識しないまま消えていくお金ですが、一億円が手に入れば、使い方を意識せざるを得なくなります。どうすればいいのでしょうか。僕の知り合いはこう話していました。

「その時に自分の欲しいものに使うのか、それとも、この大金をどう生かすかと考えるかで、その後の自分とお金との関係は変わります。

欲求のために使うとお金は確実に減ります。生かすために使えば、いったん使った分が減っても、必ず何らかの形で増えるものです。これがお金を減らさないコツ。

もちろん、リスクはある。けれども起きたリスクは目に見えない学びとなって、未来の自分に役立ちます」

たくさんのお金を手にしたら、そのお金を生かす使い方を考えた方がいい。とはいえ、どうしても、欲しいものを買いたくなるのは人の性《さが》。そんな時はどうしたらいいのでしょう。

すると、その人はこんなふうに教えてくれました。

「難しいけれども、欲しいものは手に入れると、いつか飽きてしまうことが多いんです。だから、一瞬の満足のためにお金を使うのは我慢する。そのかわり、本当に『必要なもの』は何かと探して買うんです。そうすると、気が済んで、欲しいものを買いたい気持ちはなくなります」

なるほど、欲しいものよりも必要なものを買う。これは普段の買い物にも役に立つ心がけです。その人に僕はこんな質問をしてみました。

「お金持ちになって一番良かったと思うことはなんですか?」

すると、こんなふうに話してくれました。

「お金持ちになることで一番良かったのは、選択肢が増えることです。車を買うにしても二〇〇万円しか持っていなければ、選択肢は限られますが、二〇〇〇万円あれば、選択肢が増えて、たいていの車を買うことができます。

ただし、選択肢が増えるのは良いことであると同時に、つらいことでもあるのです。

選ぶものが限られていれば悩みは少ないのです。これかあれかですから。選択肢が多いと、それだけ悩まなければならないということです。

さっきお話ししたように、欲しいものではなく、『必要なもの』を選ぶという難しさがあります。選択肢が増えた中で、本当に必要であり、お金を生かした買い物をするには、学ばなければならないことがたくさんあるのです。その学びを楽しいと思うか、面倒くさいと思うかで、それから先のお金との関係は変わります」

お金が増えると、学ばなければならないことも増えます。なぜなら悩みが増えるから。なぜ悩みが増えるのか。それは使い道の選択肢が増えるからです。

彼は最後にこう言いました。

「お金の一番すてきな使い道は、未来に対して使うこと。私はいつもそう思っています」

この章では、お金と時間の使い方を学んでいきます。

消費、投資、貯蓄、浪費をバランスよく

お金の使い方を、僕は四種類に分けて考えています。

何かを買ったり、何かのために支払ったりという「消費」、お金を貯める「貯蓄」、お金を運用する「投資」、それから「浪費」です。「浪費」もあるのですか？　と聞かれますが、あります。なければないに越したことはありませんが、生身の人間で欲もありますから、なかなかなくすことができません。それなら最初から見積もっておきましょう。


お金を上手に使うためには、この四つをバランスよく配分させることです。目安は、「消費」「投資」「貯蓄」「浪費」を六対二対一対一です。詳しく見ていきましょう。

「消費」は、日々暮らしていくために必要な衣食住に関わるお金の支出です。内訳は、食費、水道光熱費、住居費、家具・家事用品費、被服費、保険・医療費、交通費、通信

費、教育費、娯楽費でしょうか。

これらに、毎月どれだけの金額をかけているのかを把握していますか？ これまではレシートの管理で良かったのですが、最近は電子マネーやクレジットカードの利用が増えたことで、何にどのくらい使ったのかが、わかりにくくなっている傾向があるようです。

「消費」の収入に対する割合は、六割が理想で、八割を超えると注意が必要です。例えば月に手取り三〇万円のお金が入ってくるとしたら、一八万円です。五〇万円なら、三〇万円。これは家賃や光熱費も含めた金額です。どうでしょうか。

お金の使い方がうまくないと感じるなら、まずは一度、「消費」の金額を明らかにして、自己診断してみることをおすすめします。

大切なのは、自分の「消費」に詳しくなることです。もし今、家計が苦しいのであれば、収入に対する消費のどれかが大きいことが原因かもしれません。それは住居費が高すぎたり、外食が多くて食費がかさんでいたり、あるいは最近、病気がちで医療費がかかっている、ということもあります。

だいたいでかまわないので、分析してみるとわかることがありそうです。

次は「投資」です。ここで言う「投資」は、それによって将来、何かしらプラスのリターンがあるという使い方で、二種類あります。

ひとつは、学びのために本を買う。スキルを磨くために学ぶ。健康維持のために何かをしたり、調べものをしたり、何か新しいことにチャレンジしたりするなど、学びと成長のための自己投資です。

休暇の旅が投資になることもあります。これらを必要経費と考えてもいいでしょう。ただし「リターン」があるという投資の条件はしっかりと意識してください。

もうひとつは、お金を増やすことを目的とした投資です。投資信託や株式投資などの購入にあてます。

この二つの投資を合わせて、収入のおよそ二割が目安です。もし今、何か目的があって学びに集中したいということであれば、二割をそれに使ってもいいでしょう。

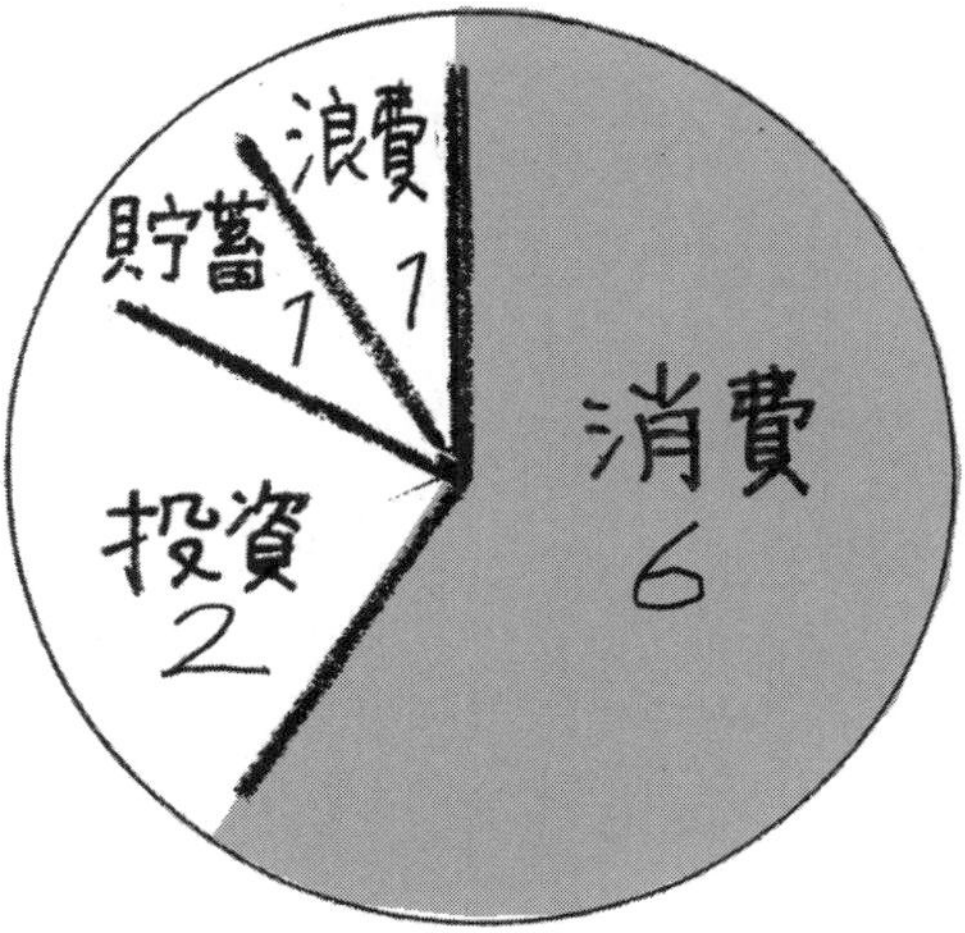

収入に対する支出の理想的な割合

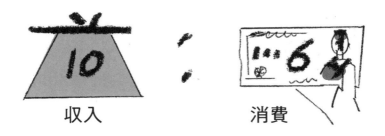

収入　　消費

「貯蓄」は、お金を銀行などに預けて貯めておくことです。金利が低い今ではそれほどメリットはありませんが、収入のいくばくかをコツコツと貯めていくことは大切です。全体の割合としては一割くらいでしょうか。

月に三〇万円の収入なら三万円、五〇万円なら五万円です。時間をかけて貯めて何かあった時の備えとして、現在の年収分ほどの貯蓄があれば、安心です。

最後の「浪費」は、一割くらい見積もっておきます。

「消費」は六割と言うと、厳しく感じるかもしれませんが、「浪費」も一割ありますし、自分への「投資」もありますから、これならやれそうだと思えるのではないでしょうか。

大切なのは、自分が何にどれくらい使っているかを把握することです。

わからないという人は、ざっくりとでもいいので、自分自身の支出をこの四つに分類してだいたいの金額を把握してください。あるいはこのバランスを目安にして、お金の使い方を見直してみるのもいいですし、このバランスを「予算」と考えて、毎月のお金の使い方を意識するのもいいでしょう。

時間の「消費」と「投資」

次に時間です。時間の使い方は、三種類。「消費」と「投資」と「浪費」です。時間は、貯めることができないので「貯蓄」はありません。

時間はお金ほどわかりやすく分類できません。例えば、睡眠の時間は、ただ眠っているだけなら「消費」ですが、しっかりと眠れる環境を整えて、体力を回復させ、気持ちをリフレッシュすることができれば、それは「投資」とも言えます。

食事の時間もそうです。慌ただしく、ただお腹を満たすだけの食事やスマホをいじりながらの食事は「消費」ですが、自分が食べたいものや栄養バランスのいい食事を美味しくいただく時間は「投資」でしょう。

つまり時間の「消費」と「投資」は、意識の持ち方次第、自分次第で変わるということです。仕事をしている時間も、イヤだと思いながら仕事をしているなら「消費」ですが、どんなやり方がいいのか、どうすればもっと良くなるのか、と考えながら仕事をしている時間は「投資」になります。時間の使い方で大切なのは、いかに「投資」を増やすかです。

時間の使い方にも「浪費」があります。ぼんやりとしていて、気がついたら時間がたっていたという時です。ネットを見たり、ゲームをしたりしているうちに時間がたっていた時もそうなります。あるいは、人から誘われて気乗りしないまま何かをする時も「浪費」になるかもしれません。

お金と同じで「浪費」がすべていけないわけではないのです。ぼんやりする時間はあってもいいのですが、それまで集中して仕事をしていて「疲れたから休憩しよう」と自分で意識すれば、「投資」になります。

時間の使い方において大切なのは、今、自分はこの時間を何に使っているのかを意識することです。時間の無駄遣いは、驚くほど簡単にできてしまいます。だからこそ、どれだけ意識できるかで人生は大きく変わってくるのです。

収入の一割を「浪費」の目安に

お金の「消費」と「浪費」について、もう少し詳しく考えましょう。「消費」と「浪費」の達人になれば、お金と自分の関係は、ぐっと良くなります。

まず「消費」です。僕たちの暮らしにおいて「消費」をしない日は一日もありません。「消費」とは、日々暮らしていくために必要な、衣食住に関わるお金の支出で、家賃や光熱費、スマホやネットにかかる通信費などもここに入ります。「消費」は収入の六割が目安、八割を超すと見直しが必要だと書きました。

「消費」に対して「浪費」とは、わかりやすく言うと、何かを楽しみたい気持ちで使ってしまうお金です。誰しも物欲に負けて、衝動的に買い物をしたり、あと先考えずに遊んでしまうことがあります。

僕は「浪費」が絶対に良くないこととは思いません。今使っているスマホがまだ使えるのに、新しいスマホを買うのは無駄遣いにも感じられますが、それで気持ちをリフレッシュし、明日からいっそう元気に働けるなら、お金も悲しんだりはしないでしょう。欲しいものを買う、美味しいものを食べる、ストレス発散のために遊ぶ、というのは、生きていくためにモチベーションを上げるひとつの方法です。そういうリターンがあるならあえて削る必要はありません。

ただし「浪費」は、たまに味わう希少なワインのようなもの。毎日希少なワインを味わうのは、明らかにバランスを欠いており、体にも悪いに決まっています。たまにはいいけれど、毎日「浪費」されたら、きっとお金は悲しい気持ちになるでしょう。

大切なのは、多かれ少なかれ、日々「浪費」していると知ることです。衝動的に欲しいと思った服を買ったけれど、あまり着る機会はなかった、という時にそれをしっかり「浪費」だったと意識すれば、それは勉強代になります。次からはもっと慎重になるからです。だけどそのままにしておくと「消費」に紛れ込んで気づかないままになってしまいます。それでは、いつまでたっても無駄遣いはなくなりません。

人は成り行きでお金を使ってしまうこともよくあります。なんとなくいつもの習慣で仕事帰りにビールを買ってしまう、美味しいと評判のパン屋の前を素通りできなくてつい立ち寄ってしまう、というのもそうです。それが本当に息抜きになったり、喜びを生み出しているならいいのですが、「なんとなく」でしかないならやめましょう。

収入の一割を「浪費」の予算として考えるとわかりやすいかもしれません。衝動的に、あるいは「なんとなく」使っていると、それが「浪費」だと気づかないまま「消費」に紛れ込んでしまいますが、自分の「浪費」の予算は三万円だ、五万円だ、と考えると、しっかり管理しようという気になります。

時に甘えたり、わがままを言ったりできる関係は良いものですが、それが当たり前のように図々しくふるまったら、親友にさえ嫌われてしまうのは、現実の人間関係を考えればわかります。お金とだって同じです。

タクシーの運転手さんから面白い話を聞きました。東京都港区の南麻布は高級住宅街として知られていますが、そこから羽田空港へ行ってほしいと言われて、「高速道路を使いましょうか?」と聞いたところ、「必要ありません」ときっぱり断られたそうです。高速代はかかりますが、かかる時間は短縮できます。だけど、下の道で行っても間に合う時間に家を出ているのであれば、時間を節約したところで大して意味がありません。その人にとって高速代は、無駄遣い、つまり悪い浪費ということです。

「そういう人が多いんです」と笑っていましたが、お金持ちと言われる人たちは、使い方をしっかり考える習慣が身についていて、悪い浪費をしないのだと感心しました。

「消費」と「浪費」は、とても近い関係にあります。「浪費」をよく知ることは、お金と時間の上手な使い方への第一歩です。

情報収集をし、「安く買う」

今の僕は、衝動買いをするということがありません。もともと慎重な性格というのもありますが、アメリカで、明日の生活のために働くことを経験した影響も大きいでしょう。

旅先など、気持ちが盛り上がりやすい場所でも、「家に似たようなものがあるな」「でもこれいつ使うんだろう」と冷静です。

もちろん、若い頃はどうしても欲しくなって買ってしまうこともありましたが、何度か失敗するうちに、そういう時の「欲しい」は、一過性だと気がつきました。気持ちがおさまると、なぜ欲しいと思ったかすら、思い出せないこともあります。

そうやって、気持ちをフィードバックしていると、「前にもこんなことがあったよね」「今は単に気持ちが盛り上がっているだけでしょう」と冷静になれるようになり、今ではもう衝動買いをすることはありません。

最近は、本当に欲しいものでも、すぐに買わなくなりました。物の値段がひとつではないことに気がついたからです。

ある店で二万円で売っている靴が、別の店でも同じ値段とは限りません。二万三〇〇〇円で売っているところもあれば、一万八〇〇〇円で売っているところもあって、それを調べて、一番安いものを買えば、とてもいい買い物をしたことになります。

お店で「これは、いくらです」と言われて、すぐに納得して買う人も多いと思うのですが、値段はひとつではなく選べるということをまずは知っておきましょう。

僕は欲しいものがあれば、まずは情報収集を始めます。今はネットを使えば、わりと簡単に、いくつもの値段が出てきますし、調べるのにそれほどの手間はかかりません。節約というより、賢いお金の使い方です。

ホテルの宿泊代や航空券などは、販売するところによってかなり値段が違いますし、時計や靴などの身の回りのものでも、アマゾンなどの通販サイト内を調べるだけでもかなり違うことがわかります。

同じものなら、安く買う方が、費用対効果が良くなります。ちょっとの手間で済むのに、案外、そういうことをしない人も多いのではないでしょうか。

「安く買う」という発想は、金融の世界を見ていれば、気づきます。株価は常に変動しますから、株式は安い時に買って高い時に売れば得をして、高い時に買ってそれが値下がりすれば損をするということです。

安い時に買って高い時に売れば、資産を増やすことができます。何かを買う時も同じで、安い値段で買えばいいのです。

二カ月後のセールまで待てば三〇パーセントオフになるという時はどうでしょうか。僕は今、必要なのでそこまでは待ちません。二カ月後も同じ気持ちでいるかどうかもわからないですから。だけど、長く使っていくもので、待てるなら待つのも手かもしれません。

いずれにせよ、物の値段はひとつではないので、**なるべく安い値段で買うことを意識してください。**ネットはそういう時にとても便利なツールです。

いらなくなったものもネットを使えば、簡単に売ることができます。ヤフオクやメルカリ、あるいはほかのウェブサイトでまとめて売ることも可能です。本ならブックオフなど引き取ってくれる業者がたくさんあります。自分にとっては不用品でも、ネットを使えばそれを必要とする人が見つかりますし、手続きもそれほど煩雑ではありません。

今はほんのちょっとした手間で、値段の安いものが見つかったり、不用品を買ってもらえたりします。面倒くさい、もういいや、と思わないで、さっと気持ちよく動けるかどうかでも案外、差が出るものです。

ネットで物の値段を調べる

物を一番安い値段で買うことは、節約ではなく倹約です。節約と倹約の違いは、節約はもっと安い商品を探して買うこと、倹約は同じ商品を安く買うことです。節約は、生活の質を下げることになりますが、倹約しても暮らしぶりは変わりません。

悪い浪費を削る節約は大事ですが、日常生活の中で必要なものまで買わないで済ませることは難しい。今の僕はもう基本的に、欲しいもの、必要なものしか買いません。

これ以上節約はできない状況です。だけど倹約、つまり賢くものを買うことはいつも心がけています。

「自分の目で確かめたもの」を

お金が喜ぶ使い方はいくつもありますが、そのうちのひとつ、とてもシンプルな方法をお伝えします。それは、**あなた自身が「自分の目で確かめたもの」にお金を使う。**たったこれだけのことです。

今は、インターネットで探せば、たいていの欲しいものは見つかります。商品の写真も見ることができますし、性能も詳しく書いてある。レビューもたくさんの人が書き込んでいて、あらゆる角度から検討したような気分になります。その商品について自分はしっかり調べたし、よくわかったから、買おう。そう考えてクリックします。

だけど、そこで得た情報は、正解に近いことにすぎません。正解かどうかはわからない。もしかすると、自分が思ったよりそのバッグは重いかもしれません。ファスナーがなめらかではないかもしれませんし、革の手触りに違和感を覚えるかもしれません。ネット上の情報はそこまでのことは伝えません。

自分にとっての正解は自分の目で確かめるしかないのです。

自分の目で確かめた上で、失敗することもあるでしょう。使ううちに不便な部分に気づいたり、簡単に壊れてしまったりすることもあります。だけど、その商品を自分の目で見て納得して買い、使い始めて不都合に気づいたとしたら、とてもいい経験になります。それは「自分の目」を磨くための授業料です。

僕自身、お金の使い方にはたくさんの失敗をしてきました。その失敗を思い返し、原因を突き詰めると、自分の目で確かめていなかった。失敗の理由のほとんどはたったこれだけのことなのです。

今、僕たちの暮らしにおいて、お金を使わせようと誘う便利なあれこれが山ほどあります。それはスマホを通じて、ネットというツールが、有益無益を問わず、たくさんの情報や知識を僕たちに届けてくれるからです。

世界中のトップランナーが履いて、好記録を出しているランニングシューズがあるとします。地面に足が着いた途端、バネのように反発し、足が自然に運ばれているような感覚が得られると評判です。メーカーは、長年の研究の成果と胸を張りますし、トップランナーだけではなく市民ランナーもこぞって絶賛しています。そんな情報に触れているうちに、いつの間にか自分は、そのシューズのことをよく知った気になっています。間違いない。自分もこのシューズを履いて記録を出そう。そう思って買うのですが、走ってみると、思ったのとは違っていた、ということもあるのです。

メディアやメーカーのウェブサイトは、精一杯の情報を詰め込んで商品説明をし、動画や写真、または口コミや評価なども含めて、それが確かであることを明らかにし、それに触れた僕たちは疑うことなく購買意欲をそそられ、自分の目で確かめずにワンクリックで買い物をするのは、今や日々当たり前のようになっています。

これらが日用品の買い物であれば、便利でいいのかもしれません。しかし、こういった買い物の仕方、いわばお金の使い方に慣れてしまうと、学びや趣味も含めた投資、もしくは意味のある浪費において、うっかりワンクリックでお金を使ってしまうことが起き得るのです。

僕もその経験者です。もちろんそのすべてにおいて後悔するとは限りませんが、残念なことに、焦って自分の目で確かめずにお金を使った時ほど失敗は多いのです。

便利さが増えたおかげで、大切なひと手間を省略してしまう傾向に注意しましょう。

僕は、いろいろなことが便利になった時代だからこそ、経験の価値が上がっているように感じます。

人の意見や情報から判断するのではなく、自分の目で確かめて判断する力は、便利さがますます幅を利かせるようになると、さらに必要になるでしょう。

これからの時代において、僕たちは**お金を何に変えていけば良いのか。そのひとつが「自分の目で確かめたもの」**です。このことをしっかりと覚えておきましょう。

自分の目で見たこと、確かめたこと、わかったことだけを信じる。こんな簡単でわかりきったことが意外と難しい時代でもあるのです。

他人任せにせず、間接的な情報を鵜呑《うの》みにせず、どんなささいなことでも自分の目でしっかりと確かめて判断し、お金をその確かめたものに変えていく。これほどお金が喜ぶ使い方はないのです。

お金をそういうものに変えていけば、お金は喜び、あなたを強く信頼し、あなたの元へと集まってくるでしょう。そしてまたお金はあなたを助けてくれるでしょう。

そんなふうに、僕は思うのです。

無駄遣いも学びになる

お金を使って何かを買ったり経験したりして、その中には無駄遣いもたくさんあります。だけど、無駄遣いは、無駄ではありません。自分自身の学びになるからです。

無駄遣いに気づかないままでは学びにつながりませんが、気づきさえすれば、たくさんのことが学べます。

僕も若い頃にたくさん失敗をして、こうすれば良かった、こうしたから失敗したのだ、と学びを繰り返しながら少しずつ無駄遣いをしなくなりました。

現代は、便利な情報ツールがたくさんあって、失敗をする機会が少ない時代と言えます。地図アプリがあれば、世界中どこにでも道に迷わずに行けますし、商品レビューを読んだり、投資についての掲示板などで様々なコメントを読んで、買い物も投資も、ある意味、手堅く、賢くなりがちです。

そうやって簡単に正解の近くまでたどり着ける分、「失敗したくない」という気持ちがどんどん強くなっているのではないでしょうか。

だから失敗することが難しい。それはなんだか、とてももったいないことのように思えます。失敗をしないことくらい怖いことはありません。

どんなことでも、失敗をするかもしれないという仮説を持ちながら行うのと、失敗は決してあるはずがないと思いながら行うのでは、そのプロセスにおける様々な発見と、経験の学びに雲泥の差があります。

僕が怖いと思う理由は、失敗をするかもしれないという仮説を持たずにいた場合、万が一、起きてしまった失敗に対して対応が遅れてしまったり、失敗によるダメージを受け止められないケースがあるからです。

失敗というリスクを負う準備ほど、価値ある学びはありません。僕はアメリカと日本を行き来していた頃に**「成功の反対は失敗ではなく、何もしないこと」**という言葉から、一歩を踏み出す勇気をもらいました。

この言葉の本質は、成功にも失敗にも大きな価値があり、もっとも価値がないのは何もしないことです。失敗を恐れるあまりに、勇気を失い、何もしない人になってしまうことくらい残念なことはないのです。

僕はこれまでたくさんの失敗をしてきました。仕事について、お金の使い方について、人間関係について、投資について、事業について、つまりあらゆることで、失敗をしてきたのです。

その失敗は、若い頃からノートに克明に記録をして、決してその失敗を忘れないように、そして二度と同じ失敗をしないように心がけています。よく考えると、失敗こそが自分を育ててくれたとも言えます。そのくらいに失敗は、自分の成長の糧《かて》になっているのでしょう。

僕の知る著名な投資家の方々にお話を聞くと、誰もがたくさんの失敗をしていることがわかります。多くの方が「恥ずかしい」「人には言えない」と照れますが、僕と同様、その失敗があるからこそ、今の自分があるともおっしゃいます。

また、その失敗から学んだ、投資を継続する上での唯一無二の秘訣があるとも。やっぱり失敗とは財産です。そして勇気を与えてくれます。学びを得て、次はこうしようと思えるからです。

相撲の世界には八勝七敗という美学があると聞きます。勝ったり負けたりしながらもしっかり勝ち越すのは、負けを学びに変えるからではないでしょうか。それができる力士は、どんどん強くなっていくように思います。

相変わらず景気は不安定で、僕たちの暮らしも、なんだかじわじわと元気を失っていくような気がしてなりません。しかし、そんな時こそ、前向きになって、元気を出して行動するべきではないでしょうか。無関心は禁物です。常に世の中の動向をよく観察して、攻めの意識をキープしましょう。

お金の使い方も時間の使い方も、仕事や人間関係も失敗しながら学びます。失敗すれば、一歩目標に近づいているはずです。

「貯金」は時間をかけてコツコツと

わずかな金額でも、毎月コツコツと貯金をしていれば、「チリも積もれば山となる」と言うように、それなりの金額は貯まるものです。金額の大小は関係なく、暮らしに貯金は必要です。

貯金の目的は二つあります。ひとつはいざという時の備えです。病気や不慮の出来事で収入が途絶えてしまった時、貯金があればなんとかその場をしのぐことはできます。

貯金がなければ、生活のために借金をせざるを得ないことになり、苦労が重なってしまいます。

もうひとつは、住宅を買うとか、車を買うというような目標や夢をかなえるためです。高価な買い物は、ローンを組むことがほとんどですが、そのための頭金を貯めるというのも貯金の目的です。

そしてまた、現代社会では、いつ何が起きるかわかりません。

とはいうものの、なかなかできないのが貯金です。どんなふうにすれば貯金はできるのでしょうか。難しく考えると、イヤだイヤだと思ってあきらめたくなるのでシンプルに考えます。

目安は毎月の収入の一割ですが、今、まったく貯金をしていないとしたら、いきなりは難しいかもしれません。

まずは、**自分の現在の収入と、必要な支出を確かめることから始めましょう。**そこから自分が毎月いくら貯金できるのかを知ればいいのです。収支の把握さえできれば、貯金は簡単です。収入から支出を差し引き、残った金額（年間貯金可能額）を貯金すれば良いのです。

紙を一枚用意してください。そこに毎月かかる金額を項目別に記入してみましょう。言わば簡単な決算書作りです。

項目は食費、水道光熱費、住居費、家具・家事用品費、被服費、保険・医療費、交通費、通信費、教育費、娯楽費でしょうか。毎月支出するものと、年に数回だけ支出するものを分けて記入します。その上で年間の総支出金額を計算します。

収入は、毎月の手取り金額を記入し、年間の総収入金額を計算します。この時、ボーナスは計算に加えず、臨時収入として考え、貯金から外しておきます。もちろん、その一部を貯金にまわしても結構です。

何もトラブルなく過ごすことができれば、その金額をコツコツと貯金できるはずです。この方法が一番シンプルな貯金方法です。とはいえ、暮らしというのは、常にいろいろなことが起きますので、予定通りに貯金ができるとは限りません。できない時は無理に貯金をする必要はありません。

まずは、自分が年間にいくらの貯金が可能かを知ることが大切です。それが貯金の最初の一歩です。ぜひこの一歩を進めてください。

では貯金額はどれくらいあれば安心でしょうか。

まずは三〇〇万円をひと区切りにしてみてはいかがでしょうか。それくらいなら十年もしないうちに貯まるでしょう。

すでにもう貯まっている方もいるでしょうし、もう少しで届く人もいるでしょうが、ゼロから貯金を始めるなら、それをひと区切りと考えてください。頑張れば無理ではない額ですし、三〇〇万円という額は、貯金の楽しみをこれからさらに実感する額でもあるでしょう。

そのぐらいを貯めてみると、貯金は、そんなに難しくないことがわかります。

次に、貯金が三〇〇万円になったらどうするか、を考えます。欲しかった何かを購入する。もしくは、資産運用という方法を選んでみる。いろいろな選択肢があるので、こ

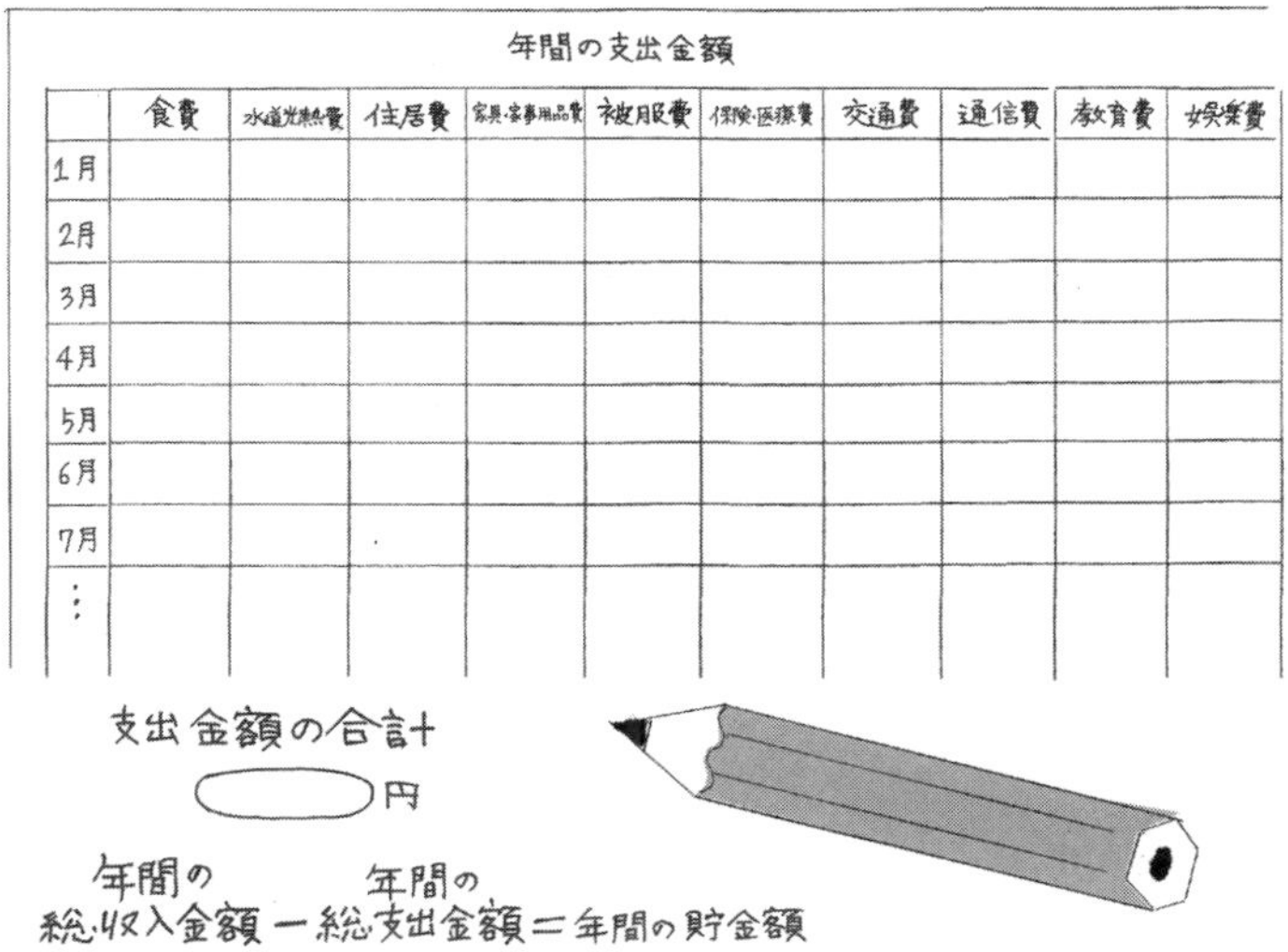

必要な支出を確かめて、貯金額を考える

の機会によく考えてみることです。

貯金ができた時は、新しい選択肢を考えるという、価値ある学びを始めるいい機会なのです。


貯金は、長い時間をかければかけるほど、お金の価値を感じます。

お金は、そうやって長い時間をかけて貯めると、大事に使おうと思います。意味のある使い方をしよう、リターンの大きいものに使おうと考えます。無茶な使い方をする気にはなれません。だからいいのです。

貯金をする生活に慣れたら、次は年収分くらいが目標になります。お金でもっとも大切なのは使い方ですが、貯金が年収分くらいあれば、何かあっても安心ですから、より選択肢の幅が広がるでしょう。

数字から逃げない

お金との付き合いで、大切なことのひとつが、数字とどう関わるかです。数字にはリアリティがありますから、見たくない、知りたくないと思うこともあります。

例えば「最近太ってきたなあ」と感じる時は、その現実と向き合いたくないために体重計に乗ることを避けるようになり、何カ月かぶりに量ってみたら、手の施しようがない状態になっているパターンは決して少なくありません。毎日体重をきちんと量ってさえいれば、手の施しようがなくなる前に、食生活の改善をするでしょうし、いつの間にかこんなに体重が増えたと驚くこともありません。

体重というのはひとつの数字で、数字は嘘偽りのない現実を表しています。増えているからダメ、減っているから良かった、と一喜一憂するのではなく、毎日体重計に乗って、しっかり数字を分析するのです。現実から逃げずに向き合うことで、どうすればいいかがわかります。

暴飲暴食して体重が増えることもあるでしょうし、不摂生して体調を崩し、食欲を失い、体重が減ることもあるでしょう。健康管理のために、体重という数字を毎日確認することは、言わば自分の生活習慣の結果と向き合うことであり、それは決してうれしいことだけではなく、できれば知りたくない嫌なこともあります。

数字という現実は、常にうれしいだけではないからこそ、その現実から逃げてはいけないのです。毎日のようにきちんと数字を見て、確かめることがとても大切なのです。もっとも優れたダイエット法は、毎日体重計に乗ることと言われているように。

株を買って毎日のように株価をチェックしていても、下がってくると、また下がった、今日も下がった、と落ち込んでいるうちにうんざりしてきて、チェックするのがイヤになってしまう、というのも失敗のパターンです。数字から逃げるから損失を大きくしてしまいます。

僕たちのお金の場合は、**主に収入と支出、そしてストックとフローです。**例えば、今月は、お金を使いすぎて支出が増えた。その理由はいろいろとあるでしょうが、使いすぎた後ろめたさもあり、そのフローを見たくない。まあ、なんとかなるだろうと目をつぶってしまうのが人間です。

しかし、どんな状況でも毎日しっかりと体重計に乗るように、お金と仲良しの人は、使ったお金の現実という数字と向き合い、自分の弱さや至らなさという事実を受け入れます。

そうです。まさに**数字から逃げない。そういう姿勢でいる結果、自然と数字に強くなっていくのです。**

あるお金持ちの方は、買い物をする際、必ず値段の比較をすると言います。これを買うよりもこれを買えば、半額で済むとか、見た目は一緒だけど、値段が違う理由を調べたり、というように。決して一番安いものを買うことが目的ではありません。

一番コストパフォーマンスの高いものを選ぶことも数字から逃げない態度の現れでし

ょう。

数字というのは、良い結果の時もあり、当然、悪い結果の時もあります。特に悪い結果の時こそ、しっかりとその数字を見て、原因を考え、今、何をするべきなのか、何を改善するべきなのかを検討し、早く行動に移すこと。最悪になる前に手を打つ。これが鉄則なのです。

一年に一度、人間ドックであらゆる測定値という数字をチェックして診断をしますが、お金の場合は、一年に一度というわけにはいきません。毎日、毎週、毎月、三カ月、六カ月、一年というスパンで数字を見ることが必要です。これが言わば、自分の体の健康管理と同じように、大切なお金の管理の基本です。

数字から逃げない。このようにお金のフローをよく知ることは大切なのですが、ひとつ注意があります。それは数字という現実と向き合うことで、お金を減らしたくない気持ちが高まり、極端な節約に走ってしまうことです。無駄な支出をしないのは良いことですが、節約でお金は増えませんし、それでお金を守れるかというとそうではありません。

お金の使い方には、「消費」と「投資」と「貯蓄」と「浪費」の四つがあり、そのバランスを取るには、決して数字から逃げず、しっかりと数字を把握し、良いお金の使い方をすることです。

数字から逃げなければ、数字に強くなって、もっと良いお金の使い方ができるようになれます。

買い物はリスクであり、投資にもなる

お金のことを学んでいくと、必ずつきまとう言葉に「リスク」があります。リスクとは何でしょうか。そして、リスクについてどんな印象を持っているでしょうか。

「リスクとはギャンブルのようなもので、損をする可能性だから、できれば避けたい。リスクを回避するのが賢い生き方である」と思っている人がきっと多いでしょう。だけど、この考え方は正しいとは言えません。

まずしっかりと認識するべきは、**リスクとは「ギャンブル」ではないということです。**リスクは、自分で管理ができます。例えば、天気予報で雨の予報が出ていたら、電車が遅れるリスクがあるので、所要時間を長めに見積もるなど自分なりに対策することがリスクの管理です。

一方で、増えたり減ったり、良いことや悪いことが起きることを管理できないのがギャンブルです。もっと踏み込んで言うと、リスクとは投資であり、ギャンブルとは賭けなのです。この二つを混同してはいけません。

リスクを回避する人生とは、ひとつも投資をしない人生です。僕たちは、お金だけでなく、時間というライフスタイルも含めて、いくつもの投資をして、その後のリターンによって、喜びや楽しさ、時には悲しさや悔しさを得ています。「何もしない」という時にリターンは何もありません。

投資の決意をした時に、せっかく投資をするのだから、投資したものが二倍、三倍、いや、一〇倍になってほしいと欲望を抱いてしまうことがあります。大きなリターンを求めるから、当然、高いリスクが生じるのですが、高いリスクの管理には、専門家並みの相当な情報量や知識が必要です。僕たちのような一般の消費者が生活や仕事をしながら、そんな高いリスクの管理などできるはずがありません。

しかし、どうしても大きなリターンが欲しい。いっちょ賭けてみるか、という投資のつもりが、いつの間にか賭けになってしまうのです。こういうパターンが実はとても多いように思います。

僕は、**自分が買い物をする時には「リスク＝投資」という考えを持っています。**

買ったものから得られるささやかな喜び、あらゆるものの成長を確かめることで生活を潤したいと思うのです。

どうしたらお買い得なもの、少しでも良いものを買えるのか、それはいったいなんなのか、どうやったら買えるのだろう、とよく学び、よく考えて、買い物をします。

ちなみに、買い物の時にいちかばちかのギャンブルだと考えたことはありません。


若い頃は、リスクとは、ギャンブルではなく投資であるというシンプルなことがわかりませんでした。それは無頓着さと必要以上の欲望のせいだったのでしょう。

これからの時代は、いかにリスクを学び、リスクを楽しむのかに尽きます。リスクを、避けるべきマイナスと捉えるのではなく、プラスの可能性の裏返しであると考え、しっかり管理をしていきましょう。

まずは、投資とギャンブルの違いを理解し、買い物をする時も投資をする時も自分はどちらをしようとしているのかを意識しましょう。

それだけで、いろいろなことの見え方、感じ方、判断の仕方がいい方に変化します。

収入のポートフォリオを考える

自分は何でお金を稼ぐのか。十代、二十代の頃、僕はいつもそのことを考えていました。やりたいこととするべきことが一致するとは限りませんし、人によっては葛藤《かっとう》することもあるでしょう。そこでいい判断ができることが、大人としてひとつのハードルではないでしょうか。

好きなことを続けていたら、いつの間にか稼げるようになっていた、という話をよく聞きますが、そこまできれいな話は、現実にはあまりないように思います。やはり仕事をするなら、費用対効果がいつも頭にないと、なかなか稼げるようにはならないし、収入は安定しないのです。

収入を安定させるひとつの方法として、僕はいつもポートフォリオを意識しています。

ポートフォリオとは、資産運用で言うところの最適な組み合わせということですが、収入のポートフォリオというのは、フリーランスでも会社員でも、お金の入り方を一種類にせず、常にいくつか用意しておくことです。そうすれば、どれかがダメになっても、自分にはまだこれがあるから大丈夫と思えます。

好きな仕事と稼げる仕事でポートフォリオを組むのもいいですし、すでに安定している仕事があってもそれだけにせず、何か新しいビジネスを始めるのです。

例えば、四十五歳である会社の課長だった人が、勤続二十年を過ぎて、そろそろ部長かな、と思っていたある日、早期退職の候補になっていると知らされる、ということが現実に起きるようになっています。準備をしていないと、自分自身がその状況をどうやって立て直せばいいのかがわからず、途方に暮れてしまうのです。

かしこいお金持ちの人たちは、いざという時のために、しっかりもうひとつ、二つの収入源を用意しています。A面がなくなっても自分にはB面があるから、と深刻になりません。

例えばビートたけしさんの場合は、タレントのビートたけしがA面ですが、B面は映画監督の北野武であり、さらにC面で落語家として立川梅春《たてかわばいしゅん》という高座名も持って活動しています。ほとんど表には出てきませんが、意外とそういうことをしていたりするものです。

ビートたけしさんがどう考えているかはわかりませんが、そうやって二段構え、三段構えにしておくと、ピンチにも対応できますし、人生の楽しみ方も増し、好きな仕事と稼げる仕事のバランスもうまく取れるのではないでしょうか。

お金と仲良くしている人は、たいてい収入のポートフォリオを上手に組んでいます。どんな仕事でも常に順調ということはあり得ないのですから、二つ、三つの仕事を走らせておくのは、彼らの常識なのかもしれません。

僕自身も本業で大きな取引にじっくり時間をかけて対応できるのは、ほかの仕事からのいくばくかの収入があるからです。仕事がいくつも動いているので、どれかがまったくお金に結びつかなくても、どれかでは収入を得ることができます。すべてが止まってしまうことはまずありません。

会社員であっても金融商品への投資はできますし、最近は、副業を禁止する企業も減ってきましたから、もうひとつの収入を得ることはかつてほど難しいことではありません。

個人の発信もできるようになっていますし、こういう便利な時代だからこそ、あとひとつ、二つの自分を持っていると、いろいろな意味でリスクの回避になります。

そういう準備が欠けていると、本業というA面の崩壊によって、収入だけではなく心まで折れてしまうのです。今の自分のポジションや収入はいつ崩壊するかわからない、という危機感を持って、ひとつなくなっても、まだもうひとつあるからいいや、と思えるくらいにしておきましょう。

こちらでしばらくお金は入ってこないけど、もうひとつの好きなことでちょっとやれば、自分が生きていくぐらいは稼げるし、こちらがうまくいけばまた成功できるかもしれないな、というスタンスでいれば、間違いなくどんな危機も乗り越えることができま

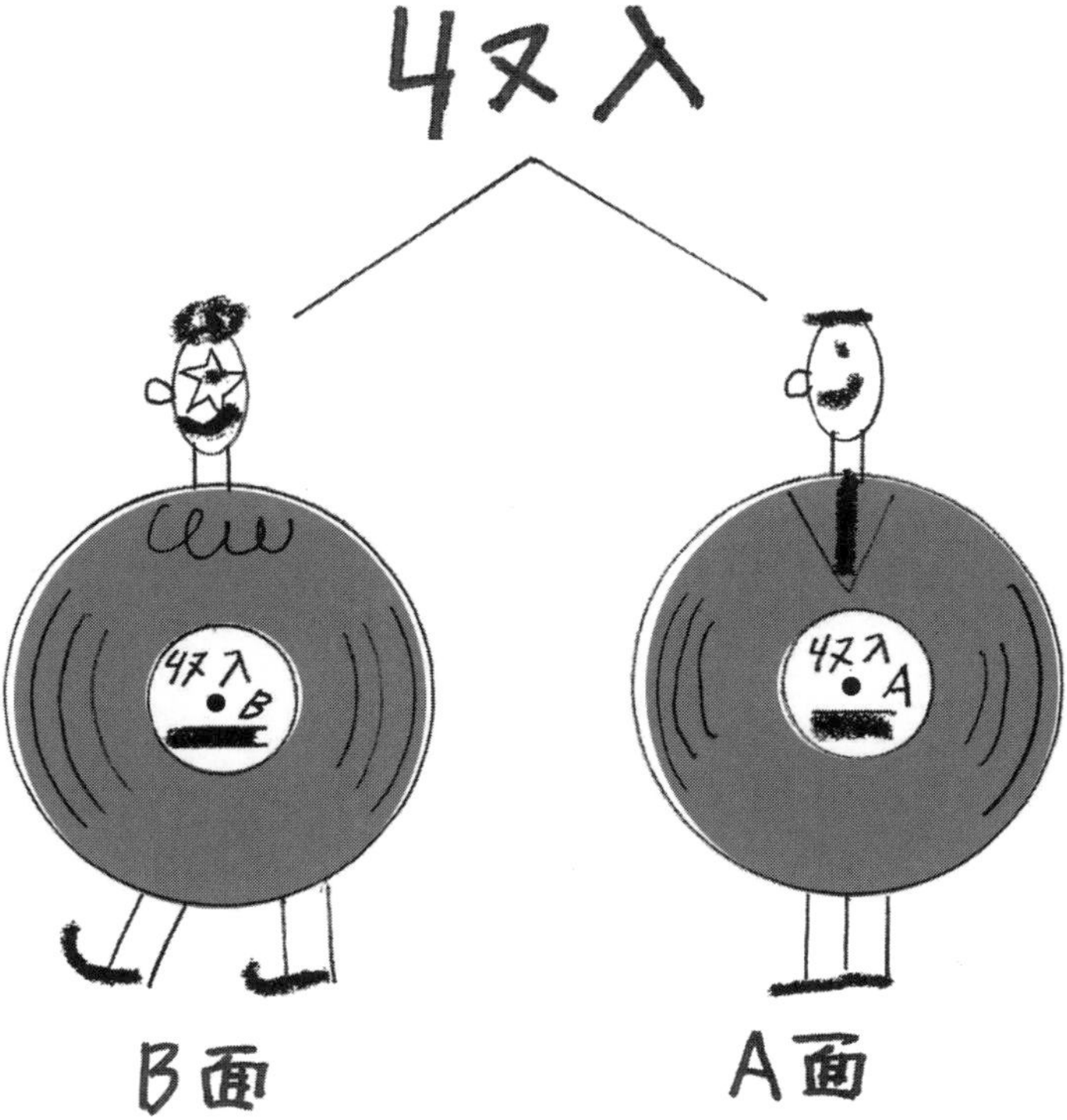

A面とB面、二つの収入源を用意する

す。

どうすれば、B面を持つことができるのか。B面を持っている人は、さらにC面を持つにはどうすればいいのか。今の自分に欠けているのは、お金なのかやりがいなのか。しっかり考えながら、ポートフォリオを組んでみましょう。今から少しずつ種をまいておくのです。

スモールパワーで夢をかなえる

僕は長くフリーランスとして仕事をしてきました。現在は会社という組織の中で仕事をしていますが、経営側の立場で関わっています。つまり、これまで会社員として仕事を経験したことがないのですが、二十代の頃に、とても印象に残る出来事がありました。

知人が、会社を辞めて独立すると聞いた時のことです。周囲が「本当にやっていけるのか」と心配していると、彼はきっぱりと、自分ひとりで今よりも稼げる自信があると言いきりました。彼の一ヵ月の手取りが三〇万円だったとすると、彼はその一〇〇倍近い数千万円の売り上げを計上していましたから、会社の信用や設備がなくなったとしても、三〇万円を稼げないはずがないと言うのです。

それを聞いて、確かにそうだと思いました。会社で働いていると、何百万、何千万という額を売り上げても、それがそっくり自分の給料になるわけではありません。

確かに会社には信用や実績があり、オフィスやパソコンも用意してくれます。だけど知人は、それを差し引いても自分で仕事をする方が、絶対に費用対効果がいいだろう、会社という組織の中で仕事をするなら、社長でないと割に合わないのではないか、と考えたのです。

フリーランスで仕事をしていると、社会的な信用が得られないこともありますし、収入も安定しませんが、伸び代《しろ》があり、伸び幅は無限です。**自分が熟知している知識を生**

かして、これまで築いた信用と人間関係を力にして、一人からでも起業にチャレンジする。

決してラクな道ではないだろうけど、経営者としてそんな仕事の仕方をしようと心を決めたのです。その方が、これからずっとワクワクし続けることができます。

自分らしい働き方というと、その仕事が好きかどうか、自分に向いているかどうかという話になることがあります。だけどその答えは容易には見つかりません。「好き」や、「向き不向き」にこだわるよりも目の前の仕事に打ち込むことが大切です。

自分がやりたいことよりも自分が楽しくできることに打ち込めば、できることはやがて得意なことになり、得意なことは、経験を積めば変わっていきます。その流れを上手に作ることができれば、仕事はどんどん楽しくなります。自分には得意なことがないと悩んで目の前の仕事をおろそかにしてしまっては、得意から遠ざかるだけです。

どんな働き方を選ぶかは自分次第ですし、どちらがいいということではありません。自分らしい働き方は、どこにいてもできるものです。

日本ではこれまで、新卒一括採用の終身雇用が一般的でしたから、就職した会社でずっと働き続ける人が多くいました。それゆえ流動性が低く、「会社が好きになれない」「仕事が向いていない」と悩んでも仕事を変えることには消極的です。「仕事なのだから少しくらいつらくても続けるしかない」と我慢してしまう人もいます。

だけど、自分自身の働き方を変えるチャンスは、常にあります。

働き方は、この先どんどん多様化していきます。安定して見えるものがこの先ずっと安定しているとは限りませんし、不況が長引き、先行き不透明な時代なので、企業の動きが少しずつ落ちています。

キャリアを築くためには、時にはチャレンジも必要です。ただしチャレンジは、賭けとは違います。新しい仕事に賭ける、と言って何の準備もなく、運に任せて勢いだけでやろうとしてもうまくいきません。会社員でもフリーランスでも今の自分に何ができるのかを考え続けましょう。

これからはスモールパワーの時代です。お金はあとからついてきます。

本を売る仕事で自分を見つける

僕が本を売る仕事を始めたのは、二十代になってから。サンフランシスコで、資源ゴミの日に朝早く住宅街を回って、捨てられた本を拾い集めて、それを道端で売るというのが始まりでした。そういう商売をしている人がたくさんいたので、真似《まね》をしたんです。

サンフランシスコの電話帳には、資源ゴミを捨てる曜日がエリア別に書いてあったので、それをチェックして、朝早く起きて曜日ごとにそのエリアに行って、売れそうな本を集めて、道端で広げて売るという商売で、店が始まるのは、たいてい夕方です。

昼間にそういうことをやるとさすがに怒られますから。たいてい売っているものは拾い物ですが、どこかで盗んだものを売っていた人もきっといたでしょうね。

僕が扱うのは本だけでした。拾う基準は、きれいな本、状態がいい本。それまでにサンフランシスコ中の本屋をたくさん見てていましたから、どんな本が高く売れるのかはなんとなくわかっていたんです。だから拾ってくる時もそういう本を見つけるようにしていました。


だけど、最初はまったく売れなかったんです。すべて一ドルで売っていたのですが、興味すら持ってもらえなくて、素通りしていきます。だけど、どうしても売りたい。売れないと、また重い本をまとめて持って帰らなければならなくなります。サンフランシスコは坂が多いから、それはつらい。

だから、どうやったら売れるのかを懸命に考えました。やはりただぼんやりとしているだけではダメなんです。ただ本を置いて並べるだけでは売れるわけがない。どんなことにも通じる法則ですが、自分がしっかりしよう、自分でなんとかしようと覚悟しないと、うまくいかないのです。

そこでまずは、本を大切に扱うことから始めました。シーツを手に入れてきて、道に敷いて、そこで宝石を売るように、きれいに本を並べたんです。すると道を行く人が「何を売っているんだろう?」と興味を持ってこちらをチラッと見てくれるようになりました。

そういう人にきちんと挨拶をするようにしたんです。笑顔で「ハロー」と声をかけるようになると、少しずつ顔見知りが増えていきます。

そのうち、話しかけてくれる人も出てきました。「なんでこんなことやってるの?」「君、どこから来たの?」「年はいくつだよ?」と、いろんなことを聞いてくるんです。しどろもどろでも懸命に答えていると、「なるほどね」「面白い」「頑張れよ」と言ってくれるようになります。

すると次に会った時には「今日は、何か一冊買ってやるよ。どれがいいかな」となるんです。本が欲しくて買うというよりも、僕とのコミュニケーションの代わりに買ってくれる。人は、ただ、物にお金を払うだけではないという、商売の基本がわかってきたんです。

周りには、ライバルもいっぱいいました。しかも夕方から夜にかけての短い時間で商売をしなくてはいけない。そういう時に、どうすれば人は気持ちよく物を買ってくれるんだろう、これを買ってもらうためにはどうしたらいいんだろうと、毎日一生懸命、考えるようになりました。

売るものは、本でもリンゴでも同じです。自分に興味を持ってもらえたら、ある程度は売ることができます。その頃、自分を買ってもらう、自分も売りものの一部なんだ、と知りました。

だんだんと商売の楽しさがわかってくると、次はこうしよう、この本を売りたいから並べ方はこうしよう、そんなふうに、たくさんのアイデアが浮かんできます。

一ドルから一万ドルに

サンフランシスコは、文学の町だから本好きがいっぱいいるんです。通りがかった人が立ち止まって僕が並べた本を見ているのですが、どうもピンとこないみたいなので話しかけたら、「俺の欲しいものがないんだよ。買ってやりたいんだけどさ」と言われることもありました。

その人に「どういう本を探しているんですか?」と聞いたら、「こういう本だよ」と。僕は、昼間は本屋に入り浸っていますから、それを聞くと、頭の中で、あそこの本屋にあったよ、と思い出すんです。それで「いくらだったら買いますか?」と聞くと、「五ドルかな」と返ってきます。

サンフランシスコの本屋の店先には、たいていセール棚があってそこに並んでいる本はすべて一ドルで売っているのですが、そこにも結構いい本があるんです。

その人の欲しい本をそこで仕入れたら、四ドル儲かります。「じゃあ、明日また来てください。準備しておきます」と言って、次の日にその本屋に行って一ドルで買ってくるんです。それでその人が来たら、「見つけましたよ」と渡す。

昼間は、あらゆる本屋さんの一ドルコーナーを見て、何があるかを記憶しておいて、夜は自分の店で、御用聞きのようなことをしました。そういうことを始めると、どんどん商売がうまくいくようになります。

そうすると、だんだんニーズがわかってくるんです。みんながどんな本を探しているのか、どんな本なら高く買ってもいいと思うのか。

そういうことを続けていると、いつの間にか、道端で売っていたはずなのに、ディーラーみたいになってきたんです。目の前に並べた本はただの飾りで誰も買わない。本当に売るものはカバンの中に入っているという、まるでショールームみたいな感じで、お客さんには個別対応をするんです。

だんだん本が好きな人たちの間でも「彼に言っておくと必ず見つけてくれる

よ」と評判になって、わざわざ僕に会うために足を運んでくれる人も出てきました。「実は探している本があるんだけど、お前見つけられる?」と。「本にもよりますけど何ですか?」と聞くと「こういうものなんだけど」とメモを渡されて、「じゃあ、探しておきます」と言ってなんとか探し出します。

困っている人を助けることが面白かったんです。「どうしても欲しいけど見つからない」人に対して、自分ができることを果たす。そこに自分自身の価値を見つけました。

そういう仕事の姿勢はずっと変わりません。今やっている仕事も同じです。どうにもならないこと、どうしたらいいかわからないことで困っている人に対して、自分なりに一生懸命サポートして、自分ができることでなんとかしてあげようということをずっとやっています。

最初は一ドルから始まった商売でしたが、それが一〇ドルになり、一〇〇ドルになり、一〇〇〇ドルになって、最後は希少本で一万ドルまでいきました。

その頃、売っていたのはもうセール棚で見つけた本ではなく、しっかり探してきてそれなりの値段で買った本です。一ドルの本は、せいぜい一〇ドルくらいにしかなりません。

そういう商売ができるようになったのは、コツコツと続けてきた商売である程度の原資があったからです。原資をうまく回転させて増やしていたら、最初はタダで仕入れたものを一ドルで売っていた商売が、最後には数万ドルもの収益が上がるようになりました。


だけど、売るものの値段が違うだけで、売る作業はほとんど一緒です。その時に思ったのは、商売の楽しさのひとつは単価を上げていくということ。単価を上げるためには、物の力、商品の力だけでは無理で、信用が必要です。

この人は確かなものを見つけてくるし、人柄も含めて信用できるという人でないと、そういう商売の声はかかりません。その信用を得ることにもそれなりの時間がかかります。

念願のニューヨークへ

当時、サンフランシスコで本を探すことにかけては、僕は一番だと思ったんです。たくさんのディーラーがいましたが、最終的にはトップクラスになれました。知り合いも増えて、初めて来た時から五年くらいかけて、ようやくここまでこられたのです。

だけどサンフランシスコは、しょせんローカルだからスケールも小さい。アメリカの中では一地方都市に過ぎないのです。この仕事をもっと極めたいなら、やっぱりニューヨークに行くしかない、とある人から言われて、ニューヨークへ移りました。日本で言えば、地方から東京に出て行くような感じです。

サンフランシスコとニューヨークは街の規模がまるで違っていて、それは商売の規模にも言えることでした。ニューヨークには、世界中の本があって、本屋の数も、動いている本の冊数もサンフランシスコとは比べものになりません。本を探している人も、ディーラーもたくさんいます。

ディーラーはそれぞれ得意分野があって、文学が得意な人もいれば、初版本が得意な人もいるんです。

お互い毎日のように本屋に通っていますから、自然と顔見知りになって、そのうち「今、何を探しているの?」と互いに情報交換をするようになります。「その本は、あそこの本屋にあるよ」「ありがとう。行ってくるよ」というようなやり取りをしているうちに仲間になっていくんです。

商売は最初からそれなりに順調でした。

僕が扱っていたアートブックや希少本は、富裕層の人たちからすると所有することがステータスになるんです。だからそれなりに高く売れます。

「新しい部屋を買ったから、そこに本棚を作りたいんだけど、そこに並べる本を揃えてくれない？」と頼まれることもありました。僕ひとりでは手に負えないので、仲間と手分けして「よし、最高にかっこいい品揃えにしてやろう」と言いながら、それぞれの得意分野の本を集めるんです。本当に毎日が楽しかった。

そこまで夢中になれたのは、単純に商売が面白かったのです。僕は学校をドロップアウトしたこともあって、コンプレックスみたいなものをずっと持ち続けていました。

誰にも認められない。建設作業員をやっていた時は、名前も覚えてもらえない「立ちんぼ」でした。何かあっても「おい！」「お前だよ」と呼びかけられるだけ。だけどそういう肉体労働の世界であっても、一生懸命やれば信用されるようになるんです。あいつは真面目でいいやつだ、と評判になると、こっちに来い、と引っ張ってくれる人も出てきます。そういう時のうれしさが僕の仕事の原点にはあるのです。

サンフランシスコでもニューヨークでも、自分のやりたいことは何かと悩んだことはありません。いつも人に喜ばれること、人が認めてくれることを、藁をもつかむような気持ちでやってきました。「すごいな」「ありがとう」と言われることがうれしくて、次はもっと頑張る、ということの繰り返しです。

だから僕は、最初から本屋になりたくてなったわけではないのです。たまたま生きていくために始めたことで認められて、もっと一生懸命やった、という話です。

第三章

投資、運用……資産の増やし方

人生最初の「投資」はアメリカを旅したこと

自分のお金をどんなふうに使うのか。どんなふうに生かすのか。何に役立てるのか。ある程度の年齢になると、お金に多少の余裕が出てきます。収入が増えたり、かつてほど欲しいものがなくなった、お金を使わなくなる、お金が足りないとは思わない人もいるかもしれません。

そんな時に考えたいのが「投資」です。投資を自分とは縁のないもの、投資イコール損をするかもしれないと考える人もいますが、お金を増やすための使い道のひとつと考え、検討してみるのもいいのではないでしょうか。

確かに、投資信託や株式投資などの投資は、必ずうまくいくとは限りませんが、それ以外の投資もあります。僕は、**投資は、栄養補給だと考えています。言い換えれば「学び」と言っても良いかもしれません。**

英語を学ぶ。旅行に出かける。本を読む。映画を観る。アートに触れる。誰かとの交際に使う。新しい経験をするなど、自分の学びや成長というリターンのために使う自己投資も立派な投資と言えます。

投資において一番リターンのある使い道は、自分の学びや成長のための栄養補給とも言える自己投資です。自分が豊かになる、さらに成長するためのお金の使い道で、経験によって、知識が増え、感情が豊かになり、人間関係が充実することもあれば、収入が増えることもあります。

私自身、人生最初の「投資」は、今思えば十代の終わりにアメリカを旅したことでした。当時は「投資」という意識はありませんでしたが、この旅で自分を大きく成長させよう、旅の経験が自分を変えてくれるだろう、という気持ちを抱きました。

この気持ちは「投資」そのものと言えるでしょう。実を言うと、この投資は今でも続いているのです。

自己投資は、誰もが無意識にしています。これまで何気なくしていたことを、投資という視点で考えてみる。そう意識するだけで、目的が明確になり、成果に大きな違いが出るでしょう。あなたはこれまで、投資という意識で何か行動してみたことはありましたか？　良き投資というスパイラルを生み出せば、自分の人生を豊かにしていく栄養となります。そして、さらなる投資の道が見つかるのです。

毎月の収入の二割を投資に、という話をしましたが、もちろん無理のない範囲で、自分への栄養補給にいくら使おうかと決めてみればいいと思います。一万円でもいいし、三万円でもいいのです。万が一、なくなっても大丈夫と思える額にしておきましょう。

無理のない額を決めて、投資という意識を持って、自分への栄養補給という学びと成長のために使うこと。投資を習慣化し、さらなる新しい投資の道を見つけること。いかがでしょうか。投資も貯蓄と同じで、習慣化し、コツコツと長く続けることが大事です。

投資には、必ずリスクが伴います。英語を習ってみたけれど身につかなかった。無駄になった。そんなこともあるでしょう。自己投資の良いところは、万が一、失敗して損をしたとしても、その体験から必ずたくさんの学びがあることです。次はもっとうまくいくでしょう。

資産運用について学ぶ

投資とは、お金儲けでもなく、ギャンブルでもなく、自分の持っているお金を増やすための、賢い使い道のひとつ。そしてまた、自分自身への栄養補給だとお伝えしました。

例えばお金が三〇〇万円貯まったら、どう使うでしょうか。欲しかった何かを購入するのもいいのですが、資産運用という選択肢もあります。投資信託や株式など金融商品への投資は、貯金ができた時の次のステップとして、価値ある学びを始める良い機会です。

金融商品への投資をするにあたって、最初に悩むのは、投資先をどう選んだら良いのかでしょう。投資に長《た》けた人なら、絶対に損をしない投資先を知っているのではないか。自分はそれを知らないから失敗するだろう、と不安になることもあります。

僕はこう考えます。投資先のもっとも間違いのない選び方は、自分が一番詳しいもの、もしくは自分が大好きなものです。僕が選んでいる投資先は、僕自身が詳しくて、大好きだからこそ選んでいます。

詳しいからこそ、大好きだからこそ、その投資先が、これからどんなふうに変化していくのか、成長していくのか、何が起こるのか、一〇〇パーセントではありませんが、かなりの確率で予測がつきます。なぜなら、詳しくて、大好きだから、日々そのために必要な情報を無意識に収集し、楽しみながら観察もしているからです。

誰でも一つや二つは、すごく詳しいことがあるでしょう。もしくは、誰よりも好きなものがあるでしょう。そのものずばりを投資先に選ぶといいのです。

そして、投資を始めたら、気長に、コツコツと、じっくり、途中でやめずに投資を続けることです。

ここで一度振り返ってみると、よくわかることがあります。一番詳しくて、大好きなものとは、まず「自分」が思い浮かぶはずです。いやいや、自分で自分が大好きなんて気持ちはありません、という方もいるかと思いますが、一番詳しいことには間違いないはずです。だから自分という「投資」先を忘れてはいけないのです。

さらに資産運用において知っておくべきことに手数料があります。手数料は常に金融機関と僕たちの間に発生するもので、もし金融商品を買うのであれば、まずは「手数料の比較」をしてみてはいかがでしょうか。すなわち、すすめられるものをすぐ買うのではなく、納得できる金融商品を、手数料の比較をして、自分で選ぶことが大切です。基本的に、銀行や証券会社がすすめるものは手数料が高いものが多いと知っておきましょう。

お金を増やしたい気持ちで、金融商品を慌てて買うと、だいたい失敗します。それも学びの授業料かもしれませんが、もったいないものです。慌てずに資産運用について、自分でしっかり学びましょう。

「会計」「金融市場」「資産運用」「入門書」というキーワードで検索すると、どんな本を読んで学んだらいいかは、すぐにわかります。資産運用を始めると、最初、誰しも大なり小なり失敗はします。その失敗を最小限に食い止めるためにも、本を読んで、資産運用の基本を最初に学ぶべきです。

鉄則は、自分で調べて、自分で考えることです。利益を得たい気持ちで、専門家や詳しい人を頼って、どうしたら良いかを聞いているうちは失敗することが多いでしょう。自分で調べて、自分で考えることが大事なのです。

最初は練習と思って、少額の投資をしてみてもいいでしょう。最初は三〇〇万円の五分の一ほどから始めてはいかがでしょうか。「売れ筋」に手を出したり、人の真似をしないことも大切ですが、だからといって、極端な逆行、つまり誰もしていないことに手を出すのも禁物です。

実際に投資するしないは別として、十年持ち続けたい、株式の銘柄を一〇社選んでみてもいいですね。もしくは、持ち続けたい金融商品でもいいのですが、それを考えるだけでも、かなりの学びが得られます。

資産運用はすぐに結果が出て、すぐに儲かるものではありません。株であれば、ひとつの基準として、五年以上は寝かせるつもりで投資するべきです。

例えば、自分が選んだ株式がとても優良なものであるならば、一生持ち続けるのが理想です。そうしながら日々、経済ニュースに目を通し、株価や金利、為替《かわせ》などの変動のチェックを怠らず、お金について学んでいきましょう。

ある程度お金が貯まった時は、これから自分のお金をどのようにして有意義に使うのかを考える、または資産運用の基本をしっかり学ぶ、とてもいいタイミングです。

投資のリターンは体験であり、学ぶこと

投資の世界では、リスクとリターンという言葉をよく耳にします。

金融商品を選ぶ時に、「ハイリスクでハイリターン」もしくは「ローリスクでローリターン」のどちらがいいかと問われることもありますが、この言葉には注意が必要です。「たくさん儲けたいのであれば、たくさんの損失を覚悟してください」という意味に取れるのですが、これほどおかしなものはありません。なぜなら、リスクとリターンのパターンは、決してこの二つしかないとも限りませんし、「ハイ（高い）」「ロー（低い）」というのは、投資の本質からかけ離れているからです。

僕が思うに、投資には常にリスクが存在していますが、リスクが高いか低いかの判断だけで投資を決断するのは、伸《の》るか反《そ》るかの大博打《おおばくち》、つまりギャンブルでしかなく、決

して投資とは言えません。投資をするかしないか。その決断を、**稼ぐ、儲けるという目的で行わないこと。そうしないと必ず失敗します。**投資にはもっと大切な意味がたくさんあるからです。

その中で一番は学びで、自分が選んだ投資対象について、**深く学べる良いチャンスと捉え、情報を収集したり、観察したりしましょう。**

誰でも儲け話には弱いものです。儲け話に乗って、たくさん儲けた人も存在するには存在しますが、それは本当に稀《まれ》なことで、ほとんどの人が儲け話に乗って大失敗をしています。

僕の知る投資家も投資による失敗を必ず経験していますが、彼らに共通しているのは、その失敗を大きな学びにしていることです。その経験を生かして、さらに投資を続けています。

投資においては、リターンを高望みしてはいけません。せっかく投資をするならば、儲けたいと思いがちですが、この世界において、美味しい話は滅多にありません。そう簡単にお金を増やせるはずがないのです。

一般的にリターンが年利五パーセントなら上出来で、その投資は成功だと言えるでしょう。稀に一〇パーセントのリターンもあるかもしれませんが、複利で計算すると、十年で元本は二倍以上になりますが、ほとんどあり得ないと思った方がいいです。一〇パーセント以上のリターンを出す投資商品は確かにありますが、そのリスクは、許容範囲を超えるもので、これも言わばギャンブルです。

リスクとは、自分でしっかり管理ができることを言います。増えたり減ったり、良いことや悪いことが起きることを管理できないのはギャンブルです。

投資とは、増やしたり減らしたりを楽しむことではありません。五年、十年と安定したリターンを得るにはなおさらのこと、欲に踊らされないよう注意しましょう。投資において、欲は禁物。リスクの学び方、楽しみ方とは、この言葉に尽きるのです。

例えば「金《きん》」に投資してみるとします。あなたは「金」について学ぶでしょう。投資をしている間、少なからず試練のような学びも体験するでしょう。

ここで知っておくべきことがあります。チャンスというのはほとんどの場合、常に試練という形でやってくるのです。訪れる試練をただの困難と捉えてしまうのか、もしくは、その中身はチャンスだと思うのかで、リターンが大きく違います。

投資で試練が訪れたら、チャンス到来です。あなたはさらに「金」について学ぼうとするでしょう。すると、自然と「金」について人一倍詳しくなります。これがチャンスです。この「詳しくなる」ことに価値があります。

投資の世界で成功する秘訣は、**投資対象についてどれだけ詳しくなるかに尽きます。**

そしてもうひとつ、これはつくづく思うのですが、結局どんなことでも、やらなければ、何も始まらないということです。

無理な投資はすすめませんが、投資をギャンブルだと考えずに、自分が選んだ「富」の種を育てることに、自分も参加をすると考えるのが良いでしょう。

すなわち、**投資によって、いろいろな体験ができる学びが、実はリターンの本質であり、価値なのです。**もちろんその種が育って、きれいな花が咲けば、お金によるリターンもあります。

投資をしてお金を増やすだけが目的ではなく、投資を通じて学びを深め、その積み重ねによって「詳しくなる」というリターンにも価値があるということです。

結果として「詳しくなる」ことが、あらゆることで成功するための条件でもあります。良き種を見つけ、その種を植えて、水をやり育てる。大きく成長させて花を咲かせる。花が枯れたら、そのあとにたくさんの種が残ります。

増えた種を同じように植えて育てていく。このプロセスを学びながら、賢く支えていくことが、投資でもあるのです。

偶然は自分で作るもの

仕事でも日常でも、「あの人はラッキーだ」「運がいい」という言い方をすることがあります。あなたは、ラッキーな人でしょうか。偶然、いい上司に恵まれたり、たまたまいい買い物をしたりすることがありますか？

僕たちのところに、ラッキーは偶然訪れるのでしょうか。思ってもみなかったような幸運は、偶然起きているのでしょうか。

僕は、ラッキーが偶然訪れることは、ほぼないと思っています。起きていることは、基本的にはすべて自分次第で、棚からぼた餅が落ちてくることは、滅多にありません。

偶然に見えても、それは、その人自身が起こしているものです。誰かがラッキーを持ってきてくれることもありますが、きっかけはその人自身が作っています。

成功した人、華々しい成果を上げた人に、これまでの実績やキャリアを聞いてみると、いいタイミングでいいオファーがあったとか、たまたま始めた事業がブームに乗ってうまくいったとか、偶然、いいことが起きているように感じることがよくあります。

確かに、それはそうなのです。それは事実。世間で成功したと言われるほとんどの人は、偶然いいことが起きています。実力だけで一つひとつコツコツとやってきたわけではなくて、成功する人は、時に奇跡のような偶然を引き起こします。偶然を味方につけているからです。

でもそれを「あの人はラッキーだから」「運がいい人は違うよね」と片づけてしまうと、学びの機会を逃します。

そんな人たちをじっくり観察していると、その偶然は、その人自身が引き起こしていることがよくわかります。とっておきの偶然が多い人たちには、共通点があるのです。いくつかのポイントを挙げましょう。

まず彼らは、ものすごく好奇心が旺盛です。素直で、身の回りに起きたたくさんのことに驚いたり、感動したりしています。フットワークが軽くて、自分が興味を持ったことは、すぐに自分の足で確かめに行きます。頭が柔らかいから、新しいことに出合うと、すぐにそれを吸収します。苦手だから、初めてだから、と理由をつけてチャレンジをあきらめたりしません。

つまりどんな時も、**いろんなことを知るために、経験するために、お金を使い、時間を使っているのです。**その人たちは、そういうことを無意識にやっています。

こうすれば成功するだろう、と思っているわけではなく、好奇心が旺盛だから、すぐにやりたい、やろう、と反応するのです。

そういう態度が偶然を引き起こしているように思えます。

自分には運がない、出会いがない、と嘆く人がいます。だけど、そういう人を見ていると、お金や時間と、仲良くしていないと感じることがあります。

時間の使い方もお金の使い方も自分で考えて行動していますから、どうしても自分に甘くなります。何も考えないで、ぼんやりと過ごしていると、毎日がぼんやりと過ぎていくだけです。

お金や時間の使い方をしっかり考えていないと、人はなかなか成長しません。せっかく時間があっても、ずっとスマホをいじっているだけでは、何も始まりません。

「スマホで情報収集をしているんです」と胸を張る人もいますが、それで自分が何かに詳しくなった、よくわかっている、というのは勘違いです。そこに、どんなリターンがあるでしょうか。その情報は、本当に役に立つ情報でしょうか。

今の時代はスマホのおかげで、好奇心を簡単に満たせるようになりました。だけど、それは満たしたように錯覚しているだけなのです。

ピカソの絵画に興味を持っても、スマホで見ることで好奇心を満たしていると、その好奇心は育ちません。美術館に足を運び、実際に鑑賞することで、次は、この作品が見たい、彼の作品の背景にあることをもっとよく知りたい、と好奇心が伸びていきます。そういうことを続けていく中で、偶然、何かが起きるのです。

時間とお金は、自分でマネジメントするものです。時間とお金を上手に使って好奇心を育てれば、ラッキーと仲良くなれるのです。

感動することに投資する

投資信託や株式への投資で一億円の利益を出すのはたやすいことではありませんが、自分でビジネスを始めて一億円の利益を出すことはそこまで難しくはありません。

一番リターンの高い投資は自分への投資です。自分でビジネスを始めるのもひとつの選択肢で、この場合は現実的なリターンがどれくらいになるのかがよくわかります。

事業を始めなくても「自分」が会社だという視点で、投資や資金回収の方法を考えてみるのも面白いと思います。

自分のどの部分に投資すれば、会社の資産は増えるだろうか。今後、どう投資すれば、会社の業績は伸びるだろうか。

僕はいつもそんなふうに考えています。例えば、英語を話せるようになれば、この会社はもっと良くなるだろうから、英語の勉強をしようとか、こういう経験をさせたら、将来的にとても役に立つんじゃないか、と計画するのです。まるで会社の経営会議のように。

自分を会社として客観的に見て、いいところ、強いところを伸ばそうと戦略的に考えるのです。客観的に自分を分析することができれば、とてもいい投資になるでしょう。

知識を身につけたり、資格を取得したりするための自己投資もあります。会社によっては、資格を取得すれば手当がつくこともありますし、弁護士資格の取得、ＭＢＡや留学、大学院進学によって、新しい職業に就いたり、収入が上がったりすることもあるでしょう。

しかし、もっとも**レバレッジが効く投資は、自分が感動することへの投資**です。僕は、そう考えています。いろんなことを面白がって、楽しんで、何かに感動するようなライフスタイルを続けるために投資をするのです。

本を読んで主人公に共感する。悲しい映画を観て泣く。好きなアーティストのライブに行って興奮する。一流レストランで美味しい料理と一流のサービスを体験する。旅に出て知らなかった文化に触れる。

そうやって何かに感動することが、大きな実りにつながります。

感動すれば、誰かに伝えたくなります。人に会って話をしたり、文章に書いたり、その感動を絵にする人や音楽にする人もいるかもしれません。そうやって感動が人を動かすのです。

そのうち映画が好きだから年間一〇〇本以上観て、レビューを書いてみようと意志を持って取り組むようになるかもしれません。感動はそうやって意欲につながったり、何かを始める勇気を与えてくれます。だからレバレッジが効くのです。

あらゆる投資のコツは続けることですが、収入が減ると、自分への投資なんてしている場合ではないと不安になるかもしれません。そんなことをしている余裕はないと考えるからです。あるいは忙しくなると、そんなことをしている時間はないと考えることもあります。

だけど僕は、どんな状況でもできるだけ自分への投資は続けるようにしています。借金をしてまではありませんが、本を買ったり、映画を観に行ったりすることは忙しくても続けるのです。

お金の不安があったり、忙しいからと自分への投資をやめてしまうと、ますます事態は悪化します。日常から感動が消えてしまうからです。そうやって節約してもあまり意味がありません。

自分が感動することに投資を続けましょう。いつかそれが、人を感動させることにつながります。

お金は、節約して流れを止めてしまうよりも、動かしていた方がいいのです。その方がお金は喜びます。感動し続けること、行動し続けることが大切です。

そして、感動するためには、自分自身が常に学び続けなくてはなりません。同じことを続けていても感動は減る一方です。情報収集も必要になりますし、ワクワクし続けるためには人任せではいけないのです。

感動という価値を与えてくれる投資を続けていれば、きっとお金は仲間を呼び寄せて、自分のところに返ってきてくれます。僕は、そういう意味でお金を信用しています。

リスクがないところにリターンはない

どんなに資産を築いてもリスクは一生消えません。

一億円が銀行の口座にあっても、銀行が倒産することもあります。何らかの手段で資産を増やそうとするなら、常にリスクと背中合わせです。絶対確実に値上がりする金融商品は存在しませんから、リスクがないところにリターンはないと思って間違いないでしょう。

リスクを負わずにいい思いをしたいと誰もが考えますが、家でじっとしていても何も起きないのと同じで、資産を増やしたいと思うなら、リスクがついて回りますし、そもそも資産を持っているだけで、それが減るリスクがありますから、一番いいのは資産を持たないことになってしまいます。それでは本末転倒です。

英語を習いに行く時に、リスクばかり気にしていると、極力お金をかけないようにしようとしてしまいがちですが、本気で英語が話せるようになりたいなら、それなりのお金をかけるべきです。そうしないと、レベルの高い講師について学んだり、カリキュラムのしっかりした授業を受けたりすることができませんし、自分自身も本気で学習する気になりません。

資産を増やしたい。能力を身につけたい。どんなことでも何かをしたいと思ったら、**まずはリスクを取る覚悟が必要です。**

だけどリスクは、それほど怖いものではありません。

お金に限らず、僕たちの人生には、あらゆるリスクが存在しています。ちょっと考えただけでも、病気になるリスク、人間関係が壊れるリスク、仕事を失うリスクなどがありますし、日常には、電車が遅延するリスクや、スマホが壊れるリスク、財布を落とすリスクなど、ありとあらゆるリスクがあります。

リスクがコントロールできるのは、予測がつくからです。自分の心構えがしっかりしていればコントロールできます。結果がどうなるかがわからないギャンブルとは違い、準備さえしていれば、対処できるのです。

例えば病気になったらどうでしょうか。どんな病気かにもよりますが、入院や手術のこと、費用のこと、家族や仕事のことなど、だいたいの予測はつきますから、そうなった時に、どう対処すればいいかがわかります。

スマホが壊れたり、財布を落としたりするのは、たいていの場合、突然のハプニングですが、そうなった場合、どんなふうに対処すればいいかはこれまでの人生経験でわかっていますから、パニックになったりはしないでしょう。

大きなリスクが具体化する時には、必ず前兆があります。大きな病気になる時には、その前から少しずつ調子が悪かったはずですし、会社からリストラをされる時も、その前から、なんとなく風向きが良くないことは感じるはずです。

その前兆に、いかに早く気づくことができるか。気づいてすぐに対策を考えられるか。人は苦しい現実にはなるべく目をそらしたいと考えるものですから、薄々気づいているのに、気づかないふりをして、やり過ごしてしまうことがありますが、リスクイコール失敗と考えるのではなく、人生によくあることとして冷静に受け止めましょう。

リスクには、必ず対処できます。仕事や人生では、リスクが大きいチャレンジほど、大きな実りが得られるものです。リスクは恐るるに足りません。常にリスクを想定しながら、チャレンジし続けましょう。

いろいろな人と付き合う

人と仲良くすること、友人を作る力は、人生においてとても大切です。幸せそうにしている人の多くは、お金や時間を人といい関係を築くことに使っています。

そんなことはわかっている、と言われそうですが、人との関係もリターンを意識することで変わってくるのです。ただ人と会って話をするだけではなく、どんな話をするのか、どんな人と仲良くするのかで、人生は違ってきます。

いい友人は幸運をもたらしてくれる存在です。仕事やお金のことも人が起点になることが多いのです。仕事を紹介してくれたり、困った時に助けてくれたりすることもあれば、時には、あなたの適性や可能性を見出してくれることもあるでしょう。僕自身も「こんな仕事をしてみないか」と声をかけてもらって新しい仕事にチャレンジすることがあります。

だけど、いい友人を作ることは意外と難しい。社会人になると、特にそうです。忙しくてなかなか人とゆっくり会う時間が作れませんし、用もないのに呼びつけて会うわけにもいきません。何より自分自身が、人と会うことを億劫《おっくう》に感じることもあるでしょう。

まずは、自分が人と会いたいと思えるようなライフスタイルを準備することが大切です。引きこもっている方がラクかもしれませんが、少しだけ工夫をして、人と会うようにしましょう。SNSなどの便利なツールがあるために、実際に会う必要を感じないと言う人も多いのですが、会うことで得られる情報は、SNSなどで得られる情報よりも何倍も濃密で、記憶に残ります。

まずは、自分自身が好奇心を持って毎日を充実させましょう。買い物をしながらでも、仕事をしながらでも、ワクワクして、いろんなことに感動するのです。楽しいことがたくさんあれば、誰かに伝えたくなります。人に会いたくなるのです。

愚痴や自慢話は嫌がられますが、こんなところへ行って感動した、こんな美味しいものを食べた、この映画が面白かったという話なら、みんなも喜んで聞いてくれます。**お**

金と時間を自己投資して、さらにそれを人間関係につなげるのです。

そうやって自分から、人に会いたくなる状況を作って、ひとりの方が気楽だから、社交的ではないから、と引きこもってしまうことがないようにしましょう。人は年齢を重ねるにつれ、変化が起きにくくなりますが、それでは成長することができないのです。

何より、いい友人を作るためには、自分自身が成長し続ける必要があります。毎日が充実し、いつも楽しそうで、どんどん成長しているからこそ、相手もあなたと会うことが楽しく、また会いたいと思うのです。

単にいい人というだけでは、わざわざ会う必要を感じません。

友人と知識や感動を分かち合うには、それなりのコミュニケーション能力も必要になってきます。どんなタイミングで誘えばいいのか、どんな話題が喜ばれるのか。自慢話を喜んで聞いてくれる人はいませんし、もしいるとしたら、友人になる以外の別の目的があるからです。

人間関係にも失敗はあります。誤解して離れていく人もいれば、裏切られることもありますが、ほかのことと同じで、失敗はいい経験、いい学びになるはずです。次はもっとうまくいくようになります。

そして、人間関係にもポートフォリオが必要です。年上の人、同世代や年下の人、同業者、異業種の人などいろんな人と付き合うことで、人間関係の経験値を高めることができます。

常に自分に投資して、日々感動のあるライフスタイルを作りましょう。それをもとに、人と上手にコミュニケーションを取って、友人からの信頼を得ることで、友人は幸運をもたらしてくれる存在になります。それがより豊かな道のりのひとつです。

気をつけて欲しいのは、最初から友人が何かを与えてくれることを期待するのではないということです。幸運がもたらされるのは、偶然です。人と会い、いい関係を築くことは、その偶然を起こすための種まきです。

人間関係を、ギブ・アンド・テイクという言葉で表すことがありますが、僕はギブ・

アンド・ギブを心がけています。相手から何かがもたらされるのは偶然のギフトです。

人間関係はそれくらいでちょうどいいのです。

挨拶、笑顔……人生の基本を大切に

お金の使い方も時間の使い方も、人生はほんの少しのことで差がつくものです。ちょっとしたことに気づくか、気づかないまま流してしまうか。

人生には、常にプラスのこととマイナスのことがあるのですが、できるだけマイナスなことを減らして、プラス要因を増やせばいい方に向かいます。言葉にすると、すごく簡単で、誰もが理解できる話なのですが、実際にできているかどうかというと、そうでもありません。

人生がうまくいかないと嘆いているとしたら、あるいは最近どうも調子が悪いと感じる時は、今の自分のプラス要因とマイナス要因をよく考えてみてください。

僕がマイナス要因と思うものを挙げてみます。笑顔で挨拶しない。お金を粗末に扱う。いつもイライラしている。笑顔が少ない。時間にルーズ。愚痴が多い。


そんなことですか？　と思う人もいるのではないでしょうか。でもこれが人生の基本として大切にした方がいいことです。

人によっては「疲れている時は、挨拶することが億劫になります」とか「たまにイライラして家族に当たってしまいます」ということもありますが、そういう人のほとんどは「いつも」ではないから許される、仕方がない、大してマイナスではないと思っています。

ささいなことであっても、頻繁でないとしても、何も反省しないままそういうことを続けていると、マイナスがマイナスを呼んで、うまくいかなくなるのです。


いつも誰にでもきちんと笑顔で挨拶をする人は、たくさんいます。何も特別なことではありませんし、その人たちがまったく疲れていないわけではなく、**笑顔で挨拶することを心がけているのです。**

大人になってから「笑顔で挨拶していない」と叱られることは、ほとんどありません。誰も指摘すらしてくれませんから、自分で気づくしかないのです。

大人になれば自分で自由に何かを選択しながら生きています。誰かに干渉されることはありませんから、気楽ですが、自分で自分を律するしかないのだ、ということに気づきましょう。一つひとつ自分でチェックしていくしかないのです。

人生の基本は、とてもシンプルです。シンプルであるがゆえに、忘れがちですが、そうした選択の結果は、時間をかけて人生に影響を及ぼすのです。

自分らしいポートフォリオを

資産管理では、よくポートフォリオという言葉を使います。例えば、金融資産の場合、預金や株式、投資信託や債券などを組み合わせて保有することで、リスクを下げて、安定したリターンが得られるようにすることです。

ポートフォリオを組むという考え方は、収入や人間関係にも活かせます。そして、これからの暮らしをより良くするためにもぜひ取り入れたい考え方です。

それでは、将来の備えとして、自分の人生または暮らしのポートフォリオをどのように組むかを考えてみましょう。

まずポートフォリオのために、あなたはどんな銘柄を選ぶでしょうか。つまり、これからの人生で大切にしたいものは、なんでしょうか。これは当然、人によって異なります。例えば、時間、お金、仕事、人間関係、といったものは必須でしょう。それ以外に、学び、健康、趣味などもあります。家族や旅、ボランティアなど、銘柄、つまり項目は自分で自由に選んでください。

基本的にポートフォリオは、何かで損失が出ても、ほかの何かが補うことで、全体の価値を落とさずに保つための組み合わせです。実際の投資資産のポートフォリオではないので、あくまでも感覚的にイメージするだけで結構です。

何を選ぶかを決めるには、**自分の人生における資産とは何かを考える**ことが必要になります。仕事、家族、お金、という人もいるでしょうし、人間関係と趣味だという人もいるでしょう。

それができたら次は、それらのバランスをどのように組むのかを考えます。仕事の割合を増やし、そのほかを低くした場合、万が一、仕事を失ってしまったら、暮らしを守ってくれるものはありません。

しかしある程度、人間関係の割合を守っていれば、仕事の損失を人間関係が補ってくれるかもしれません。何が起きても最小限のリスクでその状況を乗り越えるために、生きるための資産のバランスをしっかりと選んで、設定しておきましょう。

例えば、仕事五、家族三、趣味二と今のポートフォリオを作り上げたら、今度は**「リバランス」という定期的なメンテナンスを行うようにします。**一年ごとに、そのバランスでいいのかをチェックするのです。

誰しも年齢に伴うライフステージの変化が必ずありますから、一年に一度の「リバランス」では、自分が組み合わせたポートフォリオのバランスの崩れを整えるための振返りを行います。

子どもが大きくなれば、家族の比率は減りますし、定年退職をすれば、仕事の比率は小さくなります。その場合、その減った部分に何を入れるでしょうか。

昨年は、大きな病気をして、健康のリスクが増えたとしたら、これからは「健康」の割合を増やして、その分「お金」を減らすといいかもしれません。

投資商品と同様に、人生のポートフォリオでも、常にリスクとリターンのバランスを

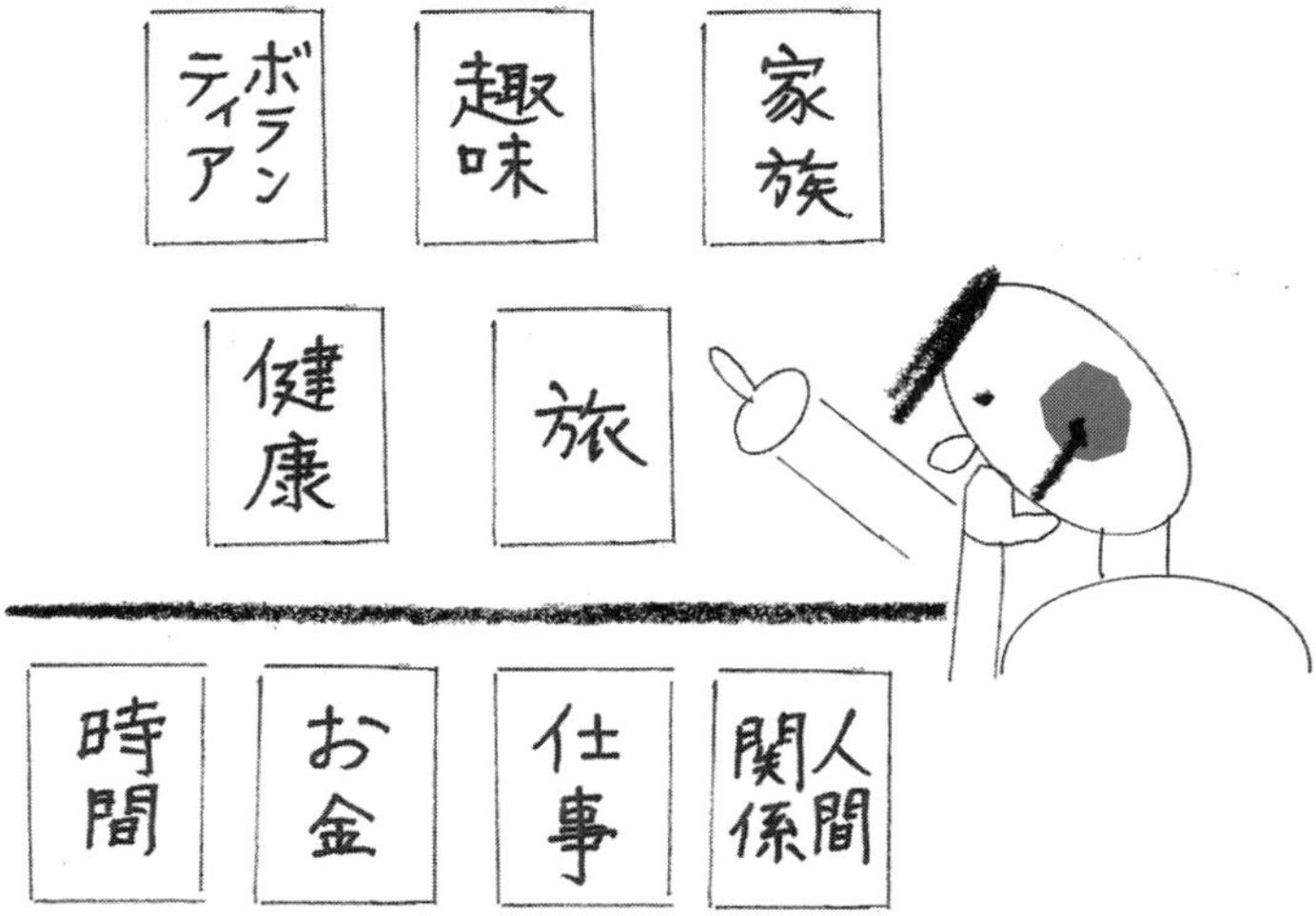

これからの人生で
大事にしたいものを考える

取るためのリバランスが大切です。

ぜひ一度、自分らしいポートフォリオを組み立ててみては、いかがでしょうか。自分自身の優先順位がわかると同時に、自分を客観的に見て判断することが大事です。

収入を増やしたい時に考えること

第一章でも書きましたが、もし年収三〇〇万円の人が、もっと年収を増やしたいなら、喜んでくれる人、感動してくれる人の数を増やすにはどうすればいいかを考えます。人の数はマーケット、感動はアイデアです。マーケットを開拓するには、自分の名前や自分がやっていることを一人でも多くの人に知ってもらうようにします。ブログやツイッターを使うのもいいでしょう。

二〇〇人がすぐに一万人にはなりません。二〇〇人が二五〇人になり、三〇〇人になり、と時間がかかります。

二十代後半の頃、僕は東京で本を売っていました。アメリカやヨーロッパで仕入れたアートブックや雑誌を、興味を持ってくれる人たちに訪問販売していたのです。

アポイントを取って、相手の事務所を訪問するのですが、最初に自己紹介も兼ねて、アメリカの路上で本を売っていた時の話や海外の書店の話をしていると、とても楽しんでもらえて、そのまま約束の時間が来てしまうこともありました。

そこで、僕が「今日はありがとうございました。時間になったので、また来ます」と立ち上がると、たいていの人は、「それなら次はこの日にしよう」と、再度アポイントを取らせてくれて、次の時には喜んで本を買ってくれます。

もし僕が最初の訪問で、いきなり本をテーブルの上に並べていたら、こういうことにはなりません。「面白そうな本をたくさん持っていますね」と言われて終わり。本はほとんど売れません。

僕は、初対面の相手に自分の話をすることで相手から信用され、感動してもらえたのです。そうやってマーケットを開拓することで、売り上げが伸びました。

感動してくれる人、信用してくれる人、喜んでくれる人、そういう人を日々増やしていくよう努力するのです。

僕自身、ずっとそんなふうにやってきました。二十代、三十代と本を売ったり、文章を書いたりしながら時間をかけて信用を積み重ね、四十歳で「暮しの手帖」の編集長になりました。

雑誌を懸命に作って、その部数を伸ばしていくことで、さらに喜んでくれる人、信用してくれる人のために努力を続けました。

そして、僕は今でも努力を続けています。いつも心の中で今日よりも明日、明日よりも明後日、一人でも多く、感動する人を増やしていきたいと思っています。今はSNSもありますし、何かほかにも使えるメディアが出てくるかもしれません。普段の小さな行いだって大事です。そういうコツコツが実を結ぶのだと信じましょう。

株を運用していて失敗する人に共通して言えるのは、期待しすぎということです。例えば、どこかの会社の株を一〇〇万円で買うとします。そういう人は、来年には二〇〇万円になっていると思ってしまうのです。だから、値上がりしないとがっかりしてすぐに売ってしまいます。ちなみに**株は五パーセント値上がりすれば大成功です。**一〇パーセント行けば奇跡です。

感動もそれと同じです。増やすことができるのは、せいぜい年に五パーセントくらい、つまり**一〇〇人を一〇五人にするくらいのところから始まります。**でも、それを続けた人が成功するのです。

物を売るのには自信があった

二十代は、ずっと日本とアメリカを行ったり来たりしていました。

バブルの時代で、日本企業がロックフェラーセンターを購入した頃です。日本からビジネスマンも観光客もたくさんニューヨークへ来ました。僕もあちらでいろんな人と知り合って、本を売る仕事の合間に、日本から来た人にアルバイトで道案内をしたり、簡単な手伝いをしたりもしていたんです。すると、「松浦さんはニューヨークで何やっているの？」と聞かれます。

本を売っていることや自分が体験してきたことを話すと、「日本に帰ってきたらうちの事務所に遊びにおいでよ」と言ってくれるんです。

それで日本で実際に遊びに行って、お土産《みやげ》として本をあげたりすると、みんながびっくりして「こんな本をどこでどうやって探してくるんだ?」と。「また持ってきてよ。俺、買うから」と言ってくれる人もいて、次に帰国した時に「またこんな本がありました」と声をかけると、「買いたい」「すごくいいセレクトだよね」と褒めてくれます。

そういう感じでいつの間にか訪問販売を始めていました。売ったお金でまたニューヨークへ行って、仕入れをして、帰ってきてまた本を売る、ということを繰り返して、お金がどんどん増えていきました。

三十代になった頃、売り上げは月二〇〇万円くらいになっていたと思います。古本というより美術品に近い感覚だったかもしれません。五万円、一〇万円くらいの希少本をたくさん売っていました。

インターネットもなく、今みたいに情報が簡単に手に入る時代ではなかったので、どの本屋にどの本があるか、すべて自分の足で歩いてリサーチして記録しました。

商売を始めた頃は、珍しい本を見るとすぐに買っていたんです。そうしないと誰かに買われてしまう、そうなると、この本とは一生、出合えない、そう考えていたのです。

だけど、買った本は自分の在庫になります。いつ売れるかわからない本をたくさん抱え込むのは商売として得策ではありませんし、置き場所にも困ります。そこで次第に、「こんな本が欲しい」と言われたら、その注文をもとに仕入れて相手に売るようになりました。その本屋から直接、僕のお客さんに送ってもらえば、僕は発送の手間もかかりません。この時、情報があれば、商売を有利に運べることを学びました。

だけど、フリーランスですから、収入は安定しません。稼げる月もあるけれど、仕事をしなければゼロです。売り上げがいくらあっても、原価率が高ければ利益は出ません。

ただ、物を売ることには自信がありましたから、将来への不安はありませんでした。もし何かでこの商売がダメになってゼロになったら、また一から何かを始めればいい。会社員の人の中には、いきなり会社が潰れたらどうしよう、いきなりクビになったらどうしよう、という不安を持つ人もいるかもしれませんが、始める勇気さえあれば大丈夫です。

最初の本屋がオープン

その頃、赤坂に「ハックルベリー」という洋書屋さんがありました。馬詰佳香《うまづめかこ》さんという女性が店長で、僕は帰国するといつもそこに入り浸っていました。日本でコーヒーが飲める本屋さんなんて、当時はそこくらいしかなかったはずです。

この店は、あらゆる人にとって出会いの場でもありました。デザイナー、料理研究家、スタイリスト、編集者、ミュージシャン、写真家。ここでそういう人たちと知り合えたこと、話ができたことはその後の僕の人生を大きく支えてくれたと思います。

ある時、馬詰さんが「奥が空いているから、松浦さん何かやれば?」と声をかけてくれたんです。自分の店を持つことが、こんな形でかなうとは思ってもいませんでした。

その店の名前が「m&co.booksellers」です。そこは僕にとって初めての自分の店であり居場所になりました。

経営はそれなりに順調でした。馬詰さんが築いた人脈のおかげもありますし、訪問販売をその前からずっとやっていましたから、すでに本を売る人として、業界では少しずつ名が知られ始めてもいたのです。当時、古本屋なんて若い人がやる仕事ではないと思われていましたが、アメリカから帰ってきた人がやっている店に行くと、自分たちが見たこともないようなすてきな本がいっぱいある、と知られるようになって、幸運なことにメディアでもたくさん紹介してもらえました。とてもありがたかったです。

その反響もあって、東京だけではなく全国から人がやってくるようになりました。そんな時にちょうど「ハックルベリー」が改装のために店を閉めることになり、僕は中目黒のマンションの一室に移ることにしたんです。この店は予約制にしました。それだと本当に本を欲しいと思っている人に本をじっくり選んでもらうことができます。

お客さんのほとんどは、ファッションデザイナーやグラフィックデザイナー、写真家や編集者などのクリエイターでした。

ただ、本当に本が好きという人ばかりではなくて、中には自分たちのクリエイティブな活動のアイデアソースを探すために本が必要なんだ、という人も多く、いつも「何か新しいものない？」と聞かれるんです。彼らの仕事の役には立っていたと思うのですが、僕としてはなんとなく物足りなさもありました。

それで店を閉めて、一年間の準備期間を経て始めたのが移動書店です。屋台のラーメン屋みたいな本屋ができたら楽しいと思いついて、二トントラックの荷台をすべて本棚に改造してそこに本を並べて、名古屋や京都、大阪、仙台と日本各地を回りました。

単純に本が好きな人のために何かやりたかったんです。

そのあと、友人と一緒に始めたのが中目黒の「COW BOOKS」で、開業は二〇〇一年。僕が三十六歳の時です。

執筆業をスタート

本を売る仕事と並行して、文章を書く仕事を始めたのもこの頃でした。いろんな人に会って、いろんな話をしていたら、「面白いから、書いてよ」と言われるようになって、最初は話せるけど、書けませんよ、と断っていたのですが、「書けるよ」「書いてみなよ」とすすめられて少しずつ書くようになりました。

頼まれるのはほとんどがフリーペーパーでしたから、タダか、すごく安い原稿料でしたが、そのうち「面白い」と言ってくれる人も増えて、雑誌の編集者から原稿を依頼されるようになったんです。

もちろんそれは原稿料ももらえる仕事でした。時を経て、多い時は月に一〇本くらい連載を持っていたと思います。この頃は、ほかにもたくさんの仕事を掛け持ちしていたんです。

だけどやはり、僕が一番詳しいのは雑誌です。これまでずっと自分が商品として扱ってきて、あらゆるジャンルの古今東西の雑誌を嫌というほど見ていましたから。

一八〇〇年代末から一九八〇年代にかけて雑誌黄金期と言われた時代の「LIFE」や「Harper's BAZAAR」「VOGUE」を実際手に取って、どんなふうに写真を撮れば、誌面でインパクトが出せるのか、どこに配置すれば読者の目に止まるのか、ということから、紙質やデザイン、フォントまで、雑誌のあらゆる要素が自分の中に蓄積されていました。

だから、どういうことをしたら雑誌が良くなるかもわかります。知り合った人たちともそんな話をよくしていました。するとまた仕事を頼まれるようになって、ファッションブランドのシーズンカタログや冊子の編集の仕事もやるようになったんです。

それが「暮しの手帖」へとつながるとは思いもしませんでした。

第四章
人生を豊かにする仕事とは

何のために働くのか

仕事の定義は、「困っている人を助けること」ですが、若い頃からそういう意識で仕事をしていたわけではありません。

仕事の現場で褒められればうれしくて頑張る、お客さんに喜んでもらえることが励みになる、ということはありましたが、決して人の役に立つことを常に考えて行動していたとは言えません。若い頃は生活のためにお金を稼ぐことが必要でしたし、お金が貯まると、すぐに自分が欲しいものを買ったり、楽しいことに使ったりしていました。

でも、三十代半ばを過ぎた頃、自分の目標みたいなもの、自分が欲しいものや自分のなりたいものに近づいたという手応えが得られた時に、なんとも言えない中途半端なものを感じました。

こんなことなの？　と呆然としたのです。自分が目標としていたことって、こんなちっぽけなことだったのか。もう、これで終わり？　って。

自分のために自分が着たい洋服を買う、自分が身につけたい時計をつけて、自分が住みたいところに住む、自分が過ごしたいように過ごす。

それを目標に一生懸命やってきて、やっと手に入りました。それでしあわせなの？と自分に問い直した時に、胸を張ってしあわせだとは言えませんでした。手応えのようなものが感じられず、自分が目指していたのはこの程度のことだったのか、と白《しら》けたような気分になったのです。

何のために働くのか、という問いは、仕事をしていると、誰しもぶつかる壁のようなものだと思います。自分のために働いている。もっといい暮らしがしたいから働くのだ、というのももちろんいいのです。アーティストの中には、世の中の人には認められなくてもいいから、自分が表現したいことを徹底的にやればいい、という人もいます。

ただ「自分のために」という想いは一方通行なので、自分自身が迷った時の道しるべにならないことがあります。「自分のために」という想いそのものが揺れ動いてしまうからです。

僕自身がそうでした。自分ひとりでしあわせになろうとして、ひとりで頑張ってそのしあわせを手にしても、それは実に儚《はかな》いものです。

自分が楽しく仕事をすることで感謝してくれる人、役立ててくれる人がいて、それに対して応えていこうとすることは、お互いをしあわせにします。

どんな仕事でも、いったいこれは誰が喜ぶのかと考える。若い頃、ビル掃除のアルバイトをしたことがあったのですが、一緒に働く人たちを見ていると、たいていは言われたことをやるだけで、掃除機をかけて雑巾で拭いておしまい。そこで、ここを掃除することで誰が喜ぶんだろう？　と考えると、明日の朝、会社の人たちがここに来た時に、きれいになって気持ちいい、と喜んでもらうには、廊下やデスクもきれいにした方がいい、と気づくんです。

そういうことを考えていない人よりも仕事が増えますが、それと同時にやりがいも増えます。

どんな仕事でも、その先に生身の人がいるということを覚えておくといいのです。たとえ、人と会わない仕事でも。

仕事という名がつく限り、必ず人が喜ぶことをしています。だから常に自分で、この仕事は誰が喜ぶのかを明確にしておくと、モチベーションや仕事のやり方が鮮明になります。それをしないと、ただの作業になってしまいます。

だから僕は、誰が喜ぶのかがわからない仕事はやりません。たとえそれで、たくさんお金がもらえるとしても、です。やりがいが感じられませんし、それでは結局、時間を無駄にするからです。

だから僕は、**何かで迷った時は「困っている人を助けること」という大きなヴィジョンに立ち返って考えるようにしています。**

そうすれば、今、自分がやるべきことが見えてくるのです。大きなヴィジョンを持っていると、どんな時も心がぶれず、落ち着いて物事に対処できます。

僕たちは社会の中で、お互いに助け合いながら生きています。仕事をすることは必ず誰かの役に立っています。その誰かを思いやりながら仕事をして、人がしあわせになることで自分もしあわせになる。

自分がしあわせになることで、人もしあわせになる。そうやって社会の中でしあわせを循環させていくと、どんどんしあわせが広がっていきます。

仕事は、そうやって育っていくのだと思っています。

仕事は準備に時間をかける

多くの人は、一日のうちの長い時間を仕事に使っています。時間と仲良くしたいと思ったら、どんなふうに仕事をすればいいのでしょうか。僕が意識していることのひとつに、「準備に時間をかける」があります。

例えば、企画の提案のためにプレゼンテーションをする時は、必ずイチ押しのA案だけでなく、それ以外にB案、C案と準備しておきます。A案がすんなり通ればいいのですが、そこまで簡単にはいかないのが仕事です。相手からダメ出しをされてすごすごと帰って来るようではそれこそ時間のムダになりますから、その前の準備に時間をかけるのです。

だからひとつ目のアイデアが否定されたら、すぐに「では、これはどうですか」とB案を提示します。それでもダメだと言われたら、「こういうプランもあります」とC案も出すのです。何ひとつ焦ることなくそれができれば、さすがに相手も一目置いてくれます。

自信満々で持ち込んだA案を否定されると、それだけで落ち込んでしまう人もいますが、仕事の現場では、それは普通のことです。それでも主張すべきところでは主張し、自分たちの企画の価値を伝えて、金額の交渉もしなくてはいけません。これは駆け引きでもなんでもなくて、ここまで準備できている時点ですでに勝負がついているとも言えます。
なぜなら準備に時間を割くことは、その仕事に対してどれくらい情熱を持って取り組んでいるかを伝えるバロメーターになるからです。C案まで出して議論がひと回りして、まだあれが足りない、これがちょっと、と言われたら「では、ほかにどんな案がありますか？」と聞くと、たいていの場合、誰もそこまで考えていないのです。

どうせダメ出しされるだろうからと、たたき台のようなA案を準備し、相手の要望に沿いながらブラッシュアップしていくやり方もありますが、それではお互いあまり満足度の高い仕事にはなりません。その場の間に合わせのような企画の立て方では、大きな価値を提示できないからです。

あらゆる可能性を考えて企画を三つも用意すれば、相手には、準備にどれくらい時間をかけたかが伝わります。それが信用になり、ぜひ一緒にやりましょう、と話がまとまるのです。

仕事はもっともっと想像力を働かせて、相手の期待値を超えるものでないと成功とは言えません。平均より少し上、八〇点、九〇点を目指すやり方もありますが、それでは誰も感動してくれないのです。一二〇点、一三〇点を出せてやっと、喜んでもらえます。そのためには準備に時間をかけることが一番の近道です。

仕事の時間の使い方で、もうひとつよく話題に上るのが、「飲み会」です。行きたくない、時間の無駄という声もよく聞きます。楽しくないのであれば行かなくていいと思いますが、そこでのやり取りを大切にする文化も健在です。この場合は、イヤだから、面倒だからと切り捨ててしまうのではなく、自分なりのバランスを取ることが必要になってきます。

僕はお酒を飲みませんから、飲み会に誘われても積極的に参加する方ではありませんが、たいてい時間を決めておきます。多いのは、一時間で帰るというパターンでしょうか。先に主催者に伝えておけばいいのです。少し億劫に感じる時でも、参加すれば、いろんな人と話ができて楽しいものです。

バランスの取り方はそれぞれで、三回に一回だけ参加して、その時は二次会、三次会まで徹底して最後まで付き合う、というやり方もあるでしょう。会食というものを全否定してしまうのではなく、自分なりのバランスの取り方を見つけることが大切です。

好きなことを語ること

僕がニューヨークで本を売っていた頃、憧れの店がありました。そこには世界中から集めた美味しいもの、新しいものも伝統や郷土に由来したものもたくさん置いてあって、豊かなライフスタイルを見せてくれる場所でした。「ディーン アンド デルーカ（DEAN & DELUCA）」という食料品店です。

一九七〇年代の終わりにニューヨークのソーホー地区で、ディーンさんとデルーカさんが始めた店で、僕は二十歳の冬に初めて訪れて以来、この店の洗練された美学にとても影響を受けてきました。日本では、二〇〇三年から営業しています。

二〇一九年、その「ディーン アンド デルーカ」と仕事をすることになりました。「DEAN & DELUCA MAGAZINE」の編集を任されたのです。これから年に二回発行します。

長年の憧れである「ディーン アンド デルーカ」に、いつか自分が役に立つことができれば、という想いはずっとあったのですが、初めての出会いから三十年以上の時を経て、ようやく現実になりました。

まさに長年の夢が実現したのですが、自分の想いだけですぐに何かが動いたわけではありません。だけど何もせずあきらめていたわけでもなくて、僕が続けていたのは、自分が大好きだという想いを語り続けることです。

どこへ行っても、事あるごとに語ってきました。その店を初めて訪れた時のこと、置いてある商品の素晴らしさ、大いなる理念と哲学、店内の雰囲気や自分がどれほど好きか、ということを。

すると、時間をかけて自然と広まっていくのです。「そう言えば、あの人は、ディー

ン アンド デルーカが好きらしいよ」というふうに。

チャンスは、探してすぐに見つかるものでも、求めてすぐ手に入るものでもありません。だけど、自分にできることもあって、そのひとつが「好きなことをとことん語り抜く」ことです。

どこへ行っても、誰と会ってもその話をすると、自然とチャンスにつながります。僕は三十年以上語り抜きました。そこから物事が動いたのです。

いつでも自己紹介できる自分でいることは大切です。自己紹介の練習は決して無駄なことではありません。

最高の自己紹介は、自分がもっとも愛しているものについて語ることです。あまりに一方的に語り続けると迷惑ですが、「僕は、このジャンルの音楽が大好きなんです」と語ると、みんなが音楽のことも自分のことも覚えてくれます。それで自己紹介は十分成立しますし、その方がずっと価値があります。

その時に大事なのは、照れないということです。恥ずかしがらずに堂々と語りましょう。例えば「メイドカフェが大好きです」「週に三回は行っています」「ここに行くとこういうかわいい子がいて、こういうイベントがあって」と、照れたらとても言えません。でもそれが好きなら言った方がいいのです。この人、すごい。なるほどメイドカフェか、と、それなりに印象深く記憶してもらえます。

そこから何かが動き始めるのです。だから自分の「好き」を語る時は、照れないで堂々とするのが鉄則です。

僕は文章を書く仕事でも、好きなものについて触れますが、これまでの経験で照れないで書いたものほど、たくさんの読者に共感してもらえました。たまに人が褒めてくれる文章は、恥ずかしがらずにありのまま書いたものです。だけど、カッコつけたり、恥ずかしくてありのままを伝えられなかった文章には、誰も心を動かさないのです。

好きなことは、立派なことでなくていいのです。好きなことそのものではなく、好きなことへの情熱が、人の心に響き、共感を呼びます。

好きなことは、自分が思う以上にレバレッジが効きます。つまり「好きなこと」という小さな、とても個人的なことに、物事を大きく動かす力があるのです。それがいつしかチャンスになります。

本物の価値を求める

子どもの頃、野球をやっていた僕は、誕生日に硬式用グローブを買ってもらいました。母に欲しいと頼んだのは、当時、巨人軍の名内野手として知られた土井正三《しょうぞう》が使っていたモデルで、価格は、確か四万円くらいしたはずです。

母は野球のことは何も知らなかったので、それが高いか安いかもよくわからなかったのでしょう。小学生にとって決して使いやすいものではなかったのですが、僕はどうしても本革のグローブが、プロが使うような本物のグローブが欲しかったのです。

高級品と言われるものに、多くの人は、憧れを抱きます。僕はいつもそれが何かを知りたい、という好奇心から手に取っています。それが高価である理由が知りたい。どんな価値があるのかを自分自身で確かめたい。**使いたいというよりも、学びたいに近いかもしれません。**本を一冊読むような感覚です。

物を買うというより、これも経験を買っているのでしょう。自分がすごいと思えるものと出合って感動したいのです。なぜこれが一〇〇万円するのかというのは、買った人にしかわからない秘密ですから。

シャツや靴、ベルトでも本物と言われるものは何かが違います。どうしてこんなに高いのかと思うのですが、使っているとわかってくるのです。肌触りであったり、ふとした時の使いやすさであったり。ほんの少しの違いが大きな価値を生むことがよくわかります。

身の回りのものをすべて高級品で揃える必要はありません。安くて質のいいカジュアルウェアもたくさんあり、僕も普段はそうしたものを好んで身につけています。だけど、**本物に触れるという経験は、人をとても豊かにする**のです。

偽物はあっても、世の中に「ぼったくり」と言われるようなものは、基本的にないと思っています。高い、これはぼったくりだ、と言ってしまうとそれでおしまい。なぜそれが高いのかが理解できないということです。違いがわかれば、そこに大きな学びがあります。

毎回、高級ホテルに泊まる必要はありませんが、一度泊まると、なぜそのホテルが高級なのか、ほかのホテルとどこが違うかがわかります。その違い、その経験に、とても価値があるのです。

僕は今、理髪店に十日に一回通っています。そこの顧客の中でおそらく僕は最年少です。髪をカットして、髭《ひげ》を剃《そ》ってもらって、一回一時間半くらい。いつも洗い立てのタオルを二〇枚、使います。

値段もそれなりにしますが、お酒もギャンブルもやらない僕の唯一の贅沢、そして最高にリラックスできる時間と言っていいかもしれません。

そんなにしょっちゅう行かなくても、とも言われますが、行けば切るところはありますし、身だしなみでもあり、いつも清潔な自分でいられることに安心するのです。

身だしなみにはこれまでも気を配ってきましたが、通う理由はそれだけではありません。

僕はここにも、本物があると思っています。何より技術が素晴らしく、さらに、ここに通う人たちの話を聞いて、**彼らの価値観に触れられることも楽しみなのです。**

そこに行けば、いろんな人の話が聞けて、いろんな人と知り合えます。お金のこと、仕事のこともここでしか聞けないような本物の話に触れることができるのです。

ここに通うようになってもう十年以上たちました。ずいぶんと前にその存在を知って、ずっと憧れていたのです。

ある時、決意をして店主に手紙を書いて、こういう想いがあって、ぜひ行きたいと伝えたら、ぜひいらしてください、と返事をもらいました。

最初は月に一回。行くと、次は何月何日何時と予約をして帰る。

しばらく通ううちに、二週間に一度になり、今は十日に一度になりました。一週間に一度通っている人もいます。お店の都合もありますから、自分で決めることはできません。僕もいつか一週間に一度通えるようになりたいと思っています。

世の中には、高級品と言われるもの、本物と言われるものがあります。そこには必ず理由があります。それを知ることも、お金が喜ぶ使い方だと思っています。

信用を積み重ねていく

信用は、人生においてとても大切な無形資産です。信用は、あらゆるところで発生します。

例えば、毎年しっかりと税金を納めているのか、光熱費やローンを滞納していないか。友人との付き合いや会社関係者との付き合いでいい加減なことはしていないか。何かの連絡や報告をしっかりしているか。日々の小さな行いにも信用は発生していますから、一つひとつをおろそかにせず、ていねいに対応することは、とても大事です。

「暮しの手帖」の編集長をしていた時に、ある男性誌の編集長から、「編集長の条件って、松浦さんは何だと思いますか?」と聞かれたことがありました。

僕はかなり真剣に考えて、「お金を借りられること」と答えました。「万が一、何かあった時に、ある程度の大金を調達できないと、編集長としての資格はないでしょう」と話すと、相手も同意してくれました。

トップに立つと、あらゆることの責任を負います。もし何かがあって雑誌がうまくいかなくなったら、あるいは休刊することになったら、僕が責任を持って、会社の支払いを肩代わりして、社員の給料を支払わなくてはならないのです。自分が編集長としてやってきたのであれば、そこで逃げるわけにはいきません。

借りる相手は、銀行でも個人でもいいのですが、「松浦さんになら、貸しますよ」と信用して言ってくれる人が自分には何人いるのか。


これは、実際にお金を借りるかどうかではなくて、世間から自分がどれくらい信用されているか、という話です。

それまでの人生でたくさんの人と会って、コミュニケーションを取って、仕事も真面目にやって、生活ぶりもきちんとしている、ということを知ってもらい、「あなたになら貸しますよ」とお金を何も聞かずに差し出してくれるような人間関係が、できているのかどうか。

どんな人たちから、どれくらい自分は信用されているのか。


事業の話なので大きな金額のたとえになりましたが、一万円、一〇万円、一〇〇万円でもいいのです。困った時に、はい、どうぞ、と出してくれる人がいるかどうか。

僕たちは生きている限り、常に不安を抱えています。その**不安の中身の多くは、お金のことではないでしょうか。**将来は大丈夫だろうか、やっていけるだろうか、とほとんどの人が考えています。お金が入ってこなくなったらどうするのだろう？　今のお金はいつまで持つだろう、とたいていの人が不安に思っています。

不思議なことのように感じますが、何百億円もの資産がある人でもそうです。十年後にはなくなっているのではないか、と思うのです。お金を持っている人ほど不安は強いかもしれませんし、年齢を重ねて自分自身の衰えを感じるほど、不安が強くなる傾向があります。

この**不安に打ち勝つ材料になるのが信用です。**これからの時代は、突然何が起きるかわかりません。会社勤めをしていても、急に会社がダメになることもあれば、自分自身が職を失うこともあります。そういう時のためにも信用が大事です。

お金を借りるところまでいかなくても、信用があれば、仕事を紹介してもらったり、家賃の安い住居を紹介してもらえたりすることもあるでしょう。信用は、いざという時の支えになります。

そのためには、規則正しく生活をして、日々コツコツと真面目に働くことも大切ですし、家族や友人、知人など周りの人たちにも自分がどんなことをして、どんな考えでいるかを知ってもらうよう努力することも必要です。**日々信用を積み重ね、少しずつでいいから信用が増すように努力をしていきましょう。**

もし今、自分のことを助けてくれる人は誰もいないのではないか、と感じるのであれば、周囲の人にどうやったら信用されるかを考えてみてください。ゴミ捨てのルールをしっかり守っていますか。挨拶をきちんとしていますか。友人関係を大切にしていますか。

できることは、いろいろあるはずです。

信用を積み重ねる努力を

築いた信用を失わないために

信用を築くためには時間が必要ですが、失う時はあっという間です。

多いのは、お金のトラブルと男女関係のごたごたでしょうか。日々の生活の中で普通の失敗なら笑われて終わりですが、お金と男女関係のだらしなさはものすごく信用を失うので、男性も女性も、注意が必要です。

いったん明るみに出ると、社会からの信用を一気に失います。いろいろなコミュニケーションの形がありますが、**人間関係を大切にし、誰かを傷つけるようなことは、しないに越したことはありません。**

税金の納付も注意が必要です。脱税を指摘されると、追徴課税もありますが、社会的な信用を失います。知り合いの税理士は、「節税の方法はいくつかあるけれど、バレないことはあり得ない。ただそれが一年後か十年後かはわからない」と言っていました。

こんなやり方がある、とさも得をするかのように持ちかけられることもあるかもしれませんが、絶対に乗らないと決めておいた方がいいでしょう。

会社員であれば、経費の精算などはしっかりと規定に沿って行うようにしてください。少し頭をひねれば、「得するやり方」が見つかるのかもしれませんが、それが社内で問題になった時、とても恥ずかしい思いをします。周囲もあなたを残念な人と感じるでしょう。

神様みたいに正しい生活をするわけにはいかないのですが、こうしたトラブルで失った信用は、なかなか回復させることができません。

「あの人、いい人なんだけど、ちょっとね」と言われ続けてしまうのは、とても残念なことです。挽回はなかなか難しいので、事前にしっかりブレーキをかけてください。

もうひとつ注意しておきたいのは、**歳を重ねると、信用を積み重ねていこうという発想が薄れていくことです。**若い頃は、人から認めてもらいたいという気持ちが強くあるので一生懸命ですが、ある程度の信用ができた状態になると、つい安心してしまいます。そのことに早く気づいておかないと、知らない間に信用がすっかりすり減っているのです。夫婦やパートナーとの関係を考えれば、わかりやすいのではないでしょうか。

知り合って最初の頃は、自分を信用してもらうために約束も守るし、話しかけられればきちんと答えます。何かを頼まれても嫌そうな顔はしません。

ところが二十年もたつと、安心してしまって甘えが出ます。思いやりに欠ける態度や、わがままを押し通したりして、信用ポイントは減る一方です。

世の中に対してもそういう態度になっていることがあります。

会社でも課長、部長と少し立場が上がってくると、気が緩んでしまって、これまで信用を築くために一生懸命やっていたこと、例えば、挨拶やお礼を伝えること、あるいは会合にこまめに顔を出して知り合いを増やしたり、自分から幹事を引き受けたりすることが減ってくるのです。

すると、せっかくそれまでに築いた信用ポイントが、少しずつ、自分の知らない間に減っていきます。**地位は高くなったのに、昔より信用ポイントが低い**という人が意外といるのです。年齢が高くなればなるほど、今、自分の信用はどれくらいあるのかを、定期的にチェックして、時間やお金の使い方を見直した方がいいでしょう。

全肯定という生き方

「嫌いなものはありますか?」と聞かれることがあるのですが、パッとすぐに思いつくものが実はないのです。嫌いな人もそれほどいなくて、あまりムカつくこともありませんし、そもそも人を嫌いになることがあまりありません。

何かきっかけがあるわけではなくて、すごく頑張ってそうしているわけでもなく、思うに僕はありとあらゆることを、肯定しているのだと思います。

どんなものにもいい部分とそうではない部分があって、完璧に素晴らしいものというのはほとんど存在しません。物だけでなく、人もそうですし、出来事もそうです。何かしらの綻《ほころ》びはあります。

でも何か少しはいいところがあります。大切なのは、それをどう見つけるかです。

もし自分に何か被害があったとします。とんでもないようなひどいことが自分の身に降りかかって、全財産も家族も失ってしまった。

それでも僕は、その事態を肯定します。そういう経験、つまり困難や試練を与えてくれてありがとう、と感謝するのです。そのおかげで、自分自身は深い経験ができました、と。

なぜなら、そう思わない限り前に進めないからです。

例えば、何かで人を恨みたくなったとします。とんでもない裏切りを受けて、この人だけは絶対許さないと憤《いきどお》って、どうすれば相手を同じような目に遭わせることができるのか、どうすれば相手が謝るのかという考えから抜け出せない。

それでは自分が成長できません。前に進めません。いつまでたっても、なぜこうなったのかと考え続けてしまいますが、どんなに考えても納得のいく答えは見つからないのです。

どんなに理不尽で、どんなに自分が不幸な経験をしたとしても、それを許して認めない限り、そこにとどまってしまいます。こういう経験のおかげで自分は学べたのだという感謝がない限り、そこから脱却できません。

だから、全肯定なのです。

進歩し続けるコツを聞かれると、僕はそう答えます。

だけど、そう答えると、ほぼ全員が、自分には無理だ、そんなの絶対ウソでしょう、と言います。でも僕は、これまでどんな時もずっとそうしてきましたし、これからもそうします。

これが、学び続け、進歩し続けるコツだと思っています。

ライフワークを見つける

インターネットの黎明期《れいめい》、僕が三十代半ばくらいの時には、毎日ブログを書いていました。ブログと言っても、毎日白い紙に手書きで文章を書いて、それをデジカメで撮ってアップしていたんです。締めの言葉はいつも「今日もていねいに」でした。自分に言い聞かせるようなつもりで書いていたのですが、この言葉に込めた想いのようなものが、少しずつ世の中の人に伝わっていったのです。結果、たくさんの人と価値観を共有することができました。

「今日もていねいに」とは、誰かの心の中で大切な価値観として芽ぶいているけど、まだ言葉になっていない、なんとなく大切に思っていること、大切にしたい心持ちを、言語化したのだと思います。

これをきっかけに、自分なりの言葉で感情の言語化に取り組んでいこうと心に決めました。この言葉は、本のタイトルにもなりました。

僕は作家ではないですし、自分がアーティストだとも思っていません。自分らしい表現をして、それを理解してもらいたいとは思っていないのです。**仕事も、文章を書くことも、自己実現ではなく、世の中の人に役に立ちたいという想いでやっています。**

世の中の人が今、どんなことを不安に思っているのだろう、こんなことに困っているのではないか、といつも考えているだけです。

例えば、目の前にコップがあるとします。ただのコップなのですが、そのコップには、まだ誰も気がついていない価値があるのです。それに言葉をのせてうまく表現できれば、「確かにそうだよね」「このコップ、いいよね」と感動してもらえます。

ただのコップではなかったんだと感じて、そのコップを手にするとうれしくなったり、生活が変わるような感覚になって、そのコップが欲しくなるのです。

僕は、そんな表現が楽しいと思っていますから、自分がこれを伝えたいと思って取り組めば、伝わらないものはないのではないかと思っています。

その商品のいいところを見つけて、それがどんなふうに人の役に立つかを考えるのです。

おそらくそれができるのは、子どもの頃から観察が習慣になっていることも関係しているのでしょう。今も街を歩いていると、なぜこんなに歩いている人たちの表情が暗いのだろう、と気になって、考えるのです。そういう時に人は何を求めるだろう？　何があればイヤな気分を忘れられるだろう？　と考えていました。

ただそれが露骨すぎてもいけません。いくらイヤなことを忘れられるとしても、人にはモラルがありますし、人として大切にすべきこともありますから、何かしら洗練させる必要もあります。

例えば、「くらしのきほん」というウェブサイトで連載していたものを本にした『泣きたくなったあなたへ』（ＰＨＰ研究所）は、本当は、「元気のないあなたへ」というつもりで書いたのです。街を歩いていて、元気のない暗い表情をしている人たちが増えていることが気になって、そんな人たちに向けてのエッセイでした。だけどそのタイトルではあまりに露骨です。そのエッセイを読むこと、本をレジに持っていくことがなんとなくはばかられるでしょう。そこで『泣きたくなったあなたへ』になりました。

僕は、そんな気持ちで、仕事を、文章を書くことを続けています。だから「自分はこんなにすてきなものをいっぱい知っていますよ、見てください」というのとは、少し違うのです。

でもそれが僕に向いた仕事の仕方で、ライフワークと呼べるものだと思っています。

僕の想像力やアイデアは、そんなふうに世の中の役に立つだろうと。僕にとってはそれで世の中とコミュニケーションを取っていますし、僕自身もその努力で救われています。

アイデアをお金に変える

「成功するための条件は何ですか?」と質問されたら、「何かに詳しくなること」と、答えます。人より詳しければ、絶対に成功するのです。世界一詳しかったら世界一になれます。僕は何に詳しいかと言えば、きっと「今の世の中の人が何に困っているかについて」です。

詳しくなるためにはどうすればいいのか。僕に限って言えば、努力ではなく単純に興味があるから、いつもそういう気持ちで電車に乗っている時も街を歩いている時も世の中を観察していて、そこで知り得た情報を、意識しないまま自分の中にインプットしているのです。

それで何かの企画を考える時などに、言葉や形にしてアウトプットします。仕事の相談をされて話をしていると、どんどん頭の中が活性化されて、蓄積されたデータが言葉や形になるのです。

自分が詳しいことをどうやって仕事に変えるか、どうすればライフワークになるのか。僕の場合は、わかりやすいところで言うと、言語化とメッセージ。あとは、雑誌やインターネットのメディアで文章を書き続けるということ。

これだけは誰にも負けない、という詳しいことを、どうすれば世の中の人に広めていけるかを考えればいいのです。僕はたまたま文章に関わっていますが、表現方法は、いくらでもあります。ユーチューブやブログ、教室、あるいは事業を始めてもいいのです。

僕が考える収入の方程式は「感動×人の数」ですから、「詳しいこと」がアイデアでそれが感動するものであれば、人の数を増やしていくことで、仕事は増えます。

自分の一番の強み、誰にも負けない一番詳しいことがあるなら、それを世の中の人に広めるためには、どんな方法があるのかを考えればいいのです。僕がいつも想像するのは、ドミノ倒しです。最初の一枚を倒せば、ドミノ倒しのように、パタパタパタパタと後ろのコマが倒れていく。最初の一枚をどうやって倒せばいいのかと、いつも考えています。世の中には、何十億人という人がいますから、うまくいけば、ものすごい数の感動が得られるわけです。

もちろん最初の一手でそんなにうまくいくはずがありませんから、何度も試行錯誤しますし、一度のドミノ倒しで倒せる数も限られています。だけど、考え方としては、最初の一枚に集中して、どんな方法があるだろうかと模索するのです。

本を出すことも、ドミノ倒しの一枚目になり得るかもしれません。本を出すことは、うまくいけば、とてもいい投資になるのです。本を書いて売る、という仕事は、まさに「人の数」で収入が決まります。夢のない言い方になるかもしれませんが、ベストセラーになれば、そのあとでどんどん稼いでくれることもあるのです。

「暮しの手帖」展を手伝う

二〇〇六年に世田谷文学館で、『花森安治と「暮しの手帖」展』を開催するということで、キュレーターの方から「手伝っていただきたい」と声をかけられたんです。

なぜ声がかかったかというと、僕はずっと「暮しの手帖」のことが好きで、エッセイにもよく取り上げていたのを、その方が知っていたからです。これまで外国のたくさんの雑誌を見てきたけれど、「暮しの手帖」のような雑誌は皆無でした。すごくオリジナリティがあって、伝え方、見せ方、読ませ方に工夫があったのです。ただし昔の方が面白くて、最近は少しつまらないとも思っていました。

それで、図録作りに関わり、デザイナーの皆川明《みながわあきら》さんや料理家の高山なおみさんにもコメントを書いてもらって、展示も少し手伝いました。

期間中には、トークショーもやったんです。そのテーマが、「暮しの手帖」をテストする、つまりこれまで散々商品テストをやってきたこの雑誌が、今度はテストを受ける側になってもらおう、ということで、他のライフスタイル誌と比べたりして言いたいことを言ったんです。

会場には、「暮しの手帖」の創業者である大橋鎭子《しずこ》さんや妹の大橋芳子《よしこ》さんも来ていました。

展覧会自体は大成功で、世田谷文学館の来場者数では当時の最高記録を作ったんです。大入り袋も用意したくらい。

「暮しの手帖」の編集長に就任

それから二、三カ月後のことです。

当時の暮しの手帖の社長から食事に誘われて、「暮しの手帖」の編集長をやってもらえないか、と言われました。最初はとんでもない、と固辞しました。僕みたいに経験のない人間がそんなことをする資格があるのかと思ったのです。日本を代表する雑誌に傷をつけることになるかもしれないですし、第一、僕は会社員の経験もなく、会社というのがどういうところかも知りません。

創業者の大橋鎮子さんにもお会いしました。僕のことをどれくらい知っているんですか？　と言うと、「それでも構いません。私は目の前にいるあなたという人間を、信用します」ときっぱりおっしゃったんです。

そこまで言ってくれるのなら、命をかけてでも頑張ろうと心を決めました。僕に求められたのは、経営の立て直しです。当時、「暮しの手帖」は、部数が落ち込んで、かなり厳しい状況でした。

僕はいつもその時、その時に自分がやるべきと思ったことをやるだけ。今の自分の暮らしにはこれくらいの収入が必要だ、とは考えません。この時も、収入とはまったく無関係に、この仕事を引き受けることを決めました。

最初から期待値以上の仕事はできないのだから、収入にこだわらなくていい。自分が面白いと信じることをやり続けていれば、経験がお金を増やしてくれるのです。

必要なのは編集よりも商売

だけど「暮しの手帖」の仕事は、予想以上に厳しいものでした。最初の数年は風当たりも相当強かったです。

僕は読者ターゲットをそれまでの五十代以上から三十代にシフトし、長く続いてきた連載を打ち切ったりして、誌面を大きく改革しました。だけどなかなか結果につながらない。精神的にもかなり参っていました。

僕は「暮しの手帖」の編集長として学んだのは、雑誌の編集技術よりも商売のやり方だったと思っています。いいものを人は「いいね」とは言っても買うとは限らない。どんなものなら欲しくなるのか、買いたくなるのかを徹底的に考えました。

雑誌を書店に卸す取次会社にも毎月足を運んで、「暮しの手帖」の売れ行きを聞いたり、次はこんな企画をやります、と明かしたりしていました。売れ行きは、データでわかるのですが、取次の人からは「この号は、出足が良かった」「この企画なら売れそうですね」と生の情報が得られるんです。

編集長で取次会社に足を運ぶ人はあまりいないと思うのですが、僕にとっては情報の宝庫でした。

僕が編集長になって五年を過ぎた頃から売り上げが右肩上がりになって、経済的にも報われました。
編集長就任で収入が減って、家は安い借家に引っ越して、車も手放したんです。あの頃はいつも電車に乗っていました。

だけど、いいこともありました。この頃、僕は本の執筆にも積極的に取り組んだんです。年に一〇冊くらい出したこともあって、いくつかはそれなりに売れたので、収入という面でもとても助かりました。
給料は業績が伸びたのと同時に交渉して上げてもらいました。社員の給料を先に上げて、次が自分。社員全員の働きによって業績が上がっているのだから、しっかり分配してくださいとお願いしました。頑張った人が報われるような利益の流れにしたかったのです。

結局「暮しの手帖」の編集長は九年間務めました。最初に約束した販売部数を達成しましたし、僕を熱心に誘ってくれた大橋鎭子さん、妹の芳子さんも亡くなられていたので、もう思い残すことはありません。九年間ずっと雑誌作りに熱中してきて、肉体的にも精神的にも限界でした。

それになんとなく、自分が編集長の椅子に座り続けることに、少し違和感があったんです。かつてのような危機感がなく、自分がどんどんかしこく、雑誌作りに要領よくなっていくようにも感じました。もともと五年と考えていたのですが、結果を出すのに予定よりも時間がかかってしまったのです。もう十分だ。そう思って会社に辞意を伝えました。

五十歳を目前にIT業界へ

次はどうしよう、と考えていた時に、興味を持ったのはインターネットやテクノロジーの世界でした。僕は、その時まだ古いタイプの携帯電話を使っていて、一から学ぶならどこがいいだろう、と思っていたら、ちょうどテクノロジーの技術力の高いクックパッドの創業者が僕に興味を持ってくれていて「会いたい」と連絡がありました。

彼にインターネットのことを学ぼうと思っていると話したら、「それなら、ぜひ」と言われて、これもご縁だと思って入社しました。この時も僕は給料の交渉などはしていません。何も知らない世界でしたから、そんな権利はないと思っていました。まさに新入りです。入社の日には「なんでもやりますから、教えてください」と挨拶しました。ここでもまたゼロからのスタートです。

インターネットのことを学び、「くらしのきほん」というメディアを立ち上げ、二年後、そのメディアの譲渡を受け、「株式会社おいしい健康」の立ち上げに加わりました。現在は、この会社の共同CEOという肩書きで仕事をしながら、個人としても様々な事業に関わり、また本を執筆したりしています。

写真――松浦弥太郎
装丁――わたなべひろこ
編集協力――今泉愛子
イラスト――ワタナベケンイチ
DTP――キャップス

本書は、「GOLD PRESS」(三菱マテリアル)での連載「おかねのきほん」(2018年1月~2019年12月掲載)の一部を元に新たに加筆・修正・編集したものです。

松浦弥太郎

（まつうら・やたろう）

1965年、東京都生まれ。エッセイスト、クリエイティブディレクター。株式会社おいしい健康・共同CEO、「くらしのきほん」主宰。渡米後、アメリカの書店文化に触れ、「m&co. booksellers」をスタート。2003年にセレクトブック書店「COW BOOKS」を中目黒にオープン。2005年から「暮しの手帖」の編集長を9年間務め、その後、ウェブメディア「くらしのきほん」を立ち上げる。『今日もていねいに。暮らしのなかの工夫と発見ノート』（PHP文庫）、『考え方のコツ』（朝日文庫）、『松浦弥太郎の新しいお金術』（集英社文庫）、『しごとのきほん　くらしのきほん　100』（マガジンハウス）他、著書多数。

人生《じんせい》を豊《ゆた》かにしてくれる「お金《かね》」と「仕事《しごと》」の育《そだ》て方《かた》

令和２年３月10日　初版第１刷発行
令和３年２月10日　　　　第３刷発行

著　者　松浦《まつうら》弥太郎《やたろう》
発行者　辻浩明《つじひろあき》
発行所　祥伝社《しょうでんしゃ》
〒101-8701
東京都千代田区神田神保町 3-3
03（3265）2081（販売部）
03（3265）1084（編集部）
03（3265）3622（業務部）
印　刷　堀内印刷
製　本　積信堂

ISBN978-4-396-61721-9 C0095
Printed in Japan
祥伝社のホームページ　www.shodensha.co.jp